AF325682

GÉOGRAPHIE

MODERNE

A L'USAGE DE L'ENFANCE

RÉDIGÉE SUR UN PLAN MÉTHODIQUE

PAR A. ROSSIGNON

TROISIÈME ÉDITION, REFONDUE

« La géographie, pour être
utilement enseignée dans les
écoles, doit être restreinte à
ses détails les plus importants »

A. THÉRY.

PARIS

LIBRAIRIE CLASSIQUE D'EUGÈNE BELIN

RUE DE VAUGIRARD, N° 52

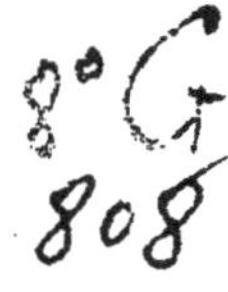

Tout exemplaire de cet ouvrage non revêtu de ma griffe sera réputé contrefait.

MÊME LIBRAIRIE. *Envoi franco au reçu du prix en timbres-poste.*

OUVRAGES DU MÊME AUTEUR :

Histoire sainte, à l'usage de l'enfance, rédigée sur un plan méthodique, approuvée par S. Em. le cardinal archevêque de Reims et par Mgr l'évêque de Châlons. Sixième édition. In-12, cart.   50 c.

Histoire de France, depuis l'invasion des Francs jusqu'à nos jours, à l'usage de l'enfance, rédigée sur un plan méthodique. Onzième édition. 1 vol. in-12, cart.   50 c.

Exercices pratiques de style épistolaire, puisés dans les circonstances ordinaires de la vie, précédés de conseils sur la manière d'écrire les lettres, et suivis de quelques formules d'actes usuels, à l'usage des écoles, des familles, et principalement des cours d'adultes. Canevas et corrigés. In-12, cart. 1 fr. 50 c.

SAINT-CLOUD. — IMPRIMERIE DE Mᵐᵉ Vᵉ EUG. BELIN.

AVERTISSEMENT.

Tout enfant, en quittant l'école primaire, doit avoir une idée du globe qu'il habite et connaître son pays : ce besoin est généralement compris. Mais l'étude de la Géographie, parce qu'elle doit être élémentaire, consiste ordinairement en une longue nomenclature de noms propres, que n'accompagnent aucun développement, aucun souvenir, et qui exige de la part de l'élève, de violents efforts de mémoire; de là ce dégoût pour une science qui pourrait avoir tant d'attrait!

Nous avons essayé, en écrivant cet ouvrage, de présenter la Géographie sous une forme attrayante, de la restreindre à ce qu'elle offre de plus intéressant, c'est-à-dire de sacrifier ces listes inépuisables de mots stériles, aux curiosités naturelles, aux notions historiques, agricoles, industrielles et commerciales.

La description de la France a reçu dans

ce livre des développements particuliers : nous indiquons la physionomie de chaque département, ce qu'il produit de préférence, les principaux faits historiques qui s'y rattachent, les hommes remarquables qui l'ont honoré. Nous suivons l'ordre naturel des bassins ; mais nous remontons les rivières au lieu de les descendre, l'embouchure d'un cours d'eau étant, sur la carte, plus facile à trouver que sa source.

Nous désirons qu'on n'oublie pas notre but ; c'est d'offrir dans notre *Histoire Sainte*, dans notre *Histoire de France* et dans cette petite *Géographie*, un cours élémentaire où l'enfance pourra puiser, avec la connaissance des faits et des choses, des principes religieux et moraux.

GÉOGRAPHIE MODERNE.

I.

NOTIONS PRÉLIMINAIRES.

1. — La Terre.

L'étude de la Géographie a pour objet de nous faire connaître la terre.

La terre a, comme les autres planètes, la forme d'une boule ; elle est isolée dans l'espace et enveloppée de toutes parts d'un fluide nommé *atmosphère*. Sa circonférence est de quarante mille kilomètres.

Bien que la terre nous paraisse immobile, elle fait en vingt-quatre heures un tour sur elle-même, en se mouvant sur une ligne imaginaire qui la traverse en passant par son centre, et qu'on appelle *axe*.

Les deux extrémités de l'axe ont reçu le nom de *pôles*. L'un est le pôle *Nord* ou *Arctique ;* l'autre, le pôle *Sud* ou *Antarctique*.

Dans son mouvement de rotation, la terre présente successivement toutes les parties de sa surface au soleil. Tandis que la moitié du globe est ainsi éclairée par cet astre bienfaisant, l'autre partie se trouve dans l'ombre ; ce qui produit l'alternative du jour et de la nuit.

La terre exécute en outre une révolution autour du soleil en 365 jours et près de 6 heures. Cette période de temps forme une année.

Questionnaire.

Que se propose-t-on dans l'étude de la Géographie ?
Dites quelle est la forme de la terre.
La terre ne tourne-t-elle pas sur elle-même ?
Comment se nomment les deux extrémités de l'axe ?
D'où provient l'alternative du jour et de la nuit ?
Quelle révolution la terre accomplit-elle tous les ans ?

2. — Points cardinaux.

Pour déterminer la position relative des diverses parties du globe, et pour s'orienter, on a imaginé quatre points cardinaux, qui sont : le *Levant*, le *Couchant*, le *Nord* et le *Midi*.

Le Levant est le point où le soleil parait se lever ; le Couchant, le point où il semble se coucher. Si nous nous tournons vers le Levant, nous avons le Nord à notre gauche et le Midi à notre droite.

Le Levant se nomme encore *Est* ou *Orient* ; le Couchant, *Ouest* ou *Occident* ; le Nord, *Septentrion*, et le Midi, *Sud*.

Entre ces points principaux, on en distingue d'autres secondaires, savoir : le *Nord-Est*, entre le Nord et l'Est ; le *Nord-Ouest*, entre le Nord et l'Ouest ; le *Sud-Est*, entre le Sud et l'Est ; le *Sud-Ouest*, entre le Sud et l'Ouest.

Sur toute carte géographique, l'Est est placé à droite, l'Ouest à gauche, le Nord en haut, et le Sud en bas.

Questionnaire.

Quels sont les quatre points cardinaux ?
Donnez-en la définition.
Ces points n'ont-ils pas d'autres noms ?
Ne distingue-t-on pas des points secondaires ?
Comment place-t-on les points cardinaux sur les cartes géographiques?

---

3. — Divisions naturelles du globe. — Principaux termes de géographie.

La surface du globe se divise en deux parties : la *terre* et l'*eau*. L'étendue des terres équivaut à peu près au tiers de celle des mers.

On a donné le nom de *continents* aux deux terres les plus vastes que l'on puisse parcourir sans traverser la mer. Nous les ferons connaître plus loin.

Les *îles* sont des terres moins étendues que les continents, et entourées d'eau de tous côtés. Une grande réunion d'îles forme un *archipel*.

La *presqu'île* ou *péninsule* diffère de l'île en ce qu'elle n'est pas entièrement entourée d'eau ; elle se rattache au continent par une langue de terre appelée *isthme*.

Une *montagne* est une masse considérable de terre s'élevant au-dessus de la surface du globe. Si plusieurs montagnes se suivent sans être séparées par des plaines, elles forment une *chaîne de montagnes*.

On désigne sous le nom de *volcans* certaines montagnes qui vomissent de temps en temps, par une ouverture appelée *cratère*, de la fumée, des flammes, des cendres, des pierres, des torrents de matières en fusion.

Les pointes de terre qui s'avancent dans la mer, et qui ont une certaine élévation au-dessus du niveau des eaux, portent le nom de *caps*, et les endroits où la mer vient baigner un continent, une île ou une presqu'île, s'appellent *côtes*.

Questionnaire.

Comment se divise la surface du globe ?
Qu'appelle-t-on continents?
Iles et archipel ?
Presqu'île et isthme ?
Montagne et chaine de montagnes?
Volcans ?
Caps et côtes ?

4. — Suite des termes de géographie.

L'*Océan* ou *mer* est cette immense étendue d'eau salée qui se trouve répandue sur le globe.

La mer forme sur les côtes certains enfoncements qu'on désigne par le nom de *golfes*. Lorsque ces enfoncements ont été disposés par les hommes pour recevoir des vaisseaux, on les appelle *ports* (1).

On entend par *détroit* une partie de mer res-

____

(1) Par extension, on donne aussi le nom de *ports* aux lieux où les bateaux s'arrêtent, sur les cours d'eau, pour être chargés et déchargés.

serrée entre deux terres, et qui fait communiquer ensemble deux mers ou deux portions d'une même mer.

Les *lacs* sont des amas d'eau douce que l'on rencontre en beaucoup d'endroits au milieu des terres. Quand ces amas sont très-petits, on les appelle *étangs.*

Les cours d'eau portent le nom de *fleuves,* lorsqu'ils traversent une assez grande étendue de terrain et qu'ils se rendent directement à la mer. Ils s'appellent *rivières,* quand ils sont moins considérables ; le plus ordinairement, dans ce cas, ils se mêlent avec les fleuves. Ce sont des *canaux,* lorsque leurs lits ont été creusés par la main de l'homme pour faciliter, d'un lieu à un autre, le transport des marchandises.

On nomme *source* l'origine d'un cours d'eau ; *embouchure* d'un fleuve, le lieu où ce fleuve se jette à la mer ; *affluent* d'un fleuve ou d'une rivière, le cours d'eau qui se joint à ce fleuve ou à cette rivière, et *confluent,* leur point de réunion.

Enfin, on a donné le nom de *bassin* à l'ensemble des pentes d'où découlent les cours d'eau qui alimentent un fleuve, ou qui se jettent dans une même mer.

Questionnaire.

Qu'est-ce que l'Océan ou mer?
Qu'appelle-t-on golfes et ports?
Détroit ?
Lacs et étangs?
Fleuves, rivières et canaux ?
Source, embouchure, affluent et confluent?
Bassin ?

1.

5. — Divisions des terres et des eaux.

On divise le monde en cinq grandes parties, qui sont : l'*Europe*, l'*Asie*, l'*Afrique*, l'*Amérique* et l'*Océanie*.

Les trois premières forment l'*Ancien continent*. Le *Nouveau continent,* ainsi nommé parce qu'il n'a été découvert qu'à la fin du xve siècle, compose l'Amérique.

L'océan comprend, comme les terres, cinq divisions principales :

1° L'*océan Atlantique,* qui sépare l'Amérique de l'Europe et de l'Afrique (1) ;

2° Le *Grand-Océan,* entre l'Asie et l'Amérique, et dans lequel sont répandues les îles qui composent l'Océanie ;

3° L'*océan Indien,* qui se trouve entre l'Afrique et l'Australie, la plus vaste terre de l'Océanie, et pénètre dans le sud de l'Asie ;

4° L'*océan Glacial arctique,* qui entoure le pôle Nord et baigne la partie septentrionale de l'Europe, de l'Asie et de l'Amérique ;

5° Enfin l'*océan Glacial antarctique,* qui environne le pôle Sud.

Questionnaire.

Comment divise-t-on le monde ?

Quelles parties composent l'Ancien et le Nouveau continent ?

Combien l'océan comprend-il de divisions, et quelles sont-elles ?

(1) On nous permettra d'insister sur la nécessité pour les élèves de suivre sur la carte les indications que leur fournit le livre : c'est le seul moyen de rendre l'étude de la géographie vraiment fructueuse.

6. — Races d'hommes.

L'homme forme une espèce unique, divisée en trois races principales : la *blanche*, la *jaune* et la *noire*.

La race blanche a peuplé l'Europe, la moitié occidentale de l'Asie, le nord de l'Afrique et quelques contrées de l'Amérique. Elle est la mieux organisée; c'est elle qui a porté au plus haut degré les arts et les sciences.

La race jaune occupe l'Asie orientale, presque toute l'Amérique, et une portion de l'Océanie. Sa civilisation, fort précoce, mais depuis longtemps stationnaire, est moins avancée que celle de la race blanche.

La race noire ou *nègre* habite la plus grande partie de l'Afrique et de l'Océanie. Les peuples qui la composent sont peu civilisés; plusieurs même vivent à l'état sauvage.

Questionnaire.

Quelles sont les variétés ou races de l'espèce humaine?
Quelles parties du globe la race blanche a-t-elle peuplées?
Que savez-vous de la race jaune?
Parlez de la race noire.

---

7. — Religions.

Tous les peuples ont des croyances religieuses; mais ces croyances ne sont point partout les mêmes; de là différentes religions. On en compte quatre principales : le *Judaïsme*, le *Christianisme*, l'*Islamisme* ou religion musulmane, et le *Paganisme*.

Le Judaïsme ne reconnaît d'autre révélation que celle qui a été faite à l'ancien peuple de Dieu par Moïse et les prophètes, et il attend encore la venue du Messie. Les Juifs, dont le nombre s'élève à 5 millions, sont aujourd'hui dispersés par toute la terre.

Le Christianisme admet, outre la révélation de Moïse et des prophètes, celle qui a été apportée par Jésus-Christ. C'est la religion de la liberté, des lumières et de la vraie charité. Répandue principalement en Europe et en Amérique, elle est professée par 398 millions d'individus, c'est-à-dire par plus du tiers de la population du globe.

On divise le Christianisme en trois grandes branches : 1° l'*Église catholique*, qui reconnaît pour chef en matière de foi le Pape ou évêque de Rome, et admet sept sacrements d'institution divine : elle a environ 248 millions de membres ; — 2° l'*Église grecque schismatique*, qui diffère de la précédente touchant la suprématie du Pape comme vicaire de Jésus-Christ, le dogme du Saint-Esprit, et quelques points de discipline : ses membres sont au nombre de 70 millions ; — 3° le *Protestantisme*, qui ne reconnaît d'autre autorité en matière de foi que la Bible, librement interprétée par la raison de chacun, et rejette la transsubstantiation, la messe, plusieurs sacrements, le culte des saints, etc. : il compte 80 millions de membres.

L'Islamisme, religion fondée par Mahomet, en 622, prétend être la continuation et le perfectionnement du Judaïsme et du Christianisme; il rejette la Trinité et les sacrements. Ses sectateurs, au nombre de 134 millions, occupent l'Asie occidentale, l'Afrique septentrionale et une partie de l'Océanie.

Le Paganisme ou Idolâtrie est un culte rendu à de fausses divinités et rempli de superstitions grossières. Il règne dans l'Asie orientale et chez la plupart des nations sauvages.

Questionnaire.

Nommez les principales religions répandues sur la terre.
Qu'est-ce que le Judaïsme?
Le Christianisme?
Comment divise-t-on le Christianisme?
Qu'est-ce que l'Islamisme?
Le Paganisme?

II.

EUROPE.

—

Population : 288 millions d'habitants.
Superficie :   10 millions de kilomètres carrés.

DESCRIPTION GÉNÉRALE.

—

1. — Considérations sur l'Europe.

L'EUROPE est la plus petite des cinq parties
du monde ; mais elle est proportionnellement la
plus peuplée, et s'est acquis par sa civilisation,
son commerce et son industrie, une immense su-
périorité sur les autres nations. Si elle n'offre rien
de bien imposant dans ses végétaux, en retour
elle est parfaitement cultivée : l'activité de ses
habitants lui fait produire toutes les choses néces-
saires à la vie. Si elle ne recèle pas en abondance
dans son sein, comme l'Amérique par exemple,
l'or, l'argent et les pierres précieuses, elle renferme des mines de fer, de plomb, de cuivre,
d'étain, de houille et de sel, dont la bonne exploitation contribue puissamment à sa richesse.
Enfin, si elle n'a pas la magnificence extérieure
des autres parties du monde, elle est celle où les
fléaux sévissent le moins, où les animaux féroces

se trouvent en plus petit nombre, et où l'homme
met le plus glorieusement en œuvre les facultés
qu'il tient du Créateur.

A l'exception de 7 millions de mahométans
établis principalement en Turquie, de 3 millions
de juifs disséminés dans quelques coins de terre,
et de 61 mille idolâtres habitant certains déserts
du nord, tous les Européens appartiennent à la
Religion chrétienne.

Questionnaire.

En quoi l'Europe se distingue-t-elle des autres parties du
monde?

Quelle est la religion qui domine en Europe?

---

2. — Contrées.

On divise l'Europe en quinze contrées, qui peu-
vent être classées de la manière suivante :

Quatre au nord : les *Iles Britanniques* ou royaume
d'*Angleterre*, le *Danemark*, le royaume de *Suède*
et de *Norvége*, l'empire de *Russie* avec la *Pologne;*

Six au milieu : la *France*, la *Hollande* ou les
Pays-Bas, la *Belgique*, la *Suisse*, l'*Autriche*, l'em-
pire d'*Allemagne*, divisé en royaume de *Prusse* et
États secondaires;

Cinq au sud: le *Portugal,* l'*Espagne*, l'*Italie*, la
Turquie et la *Grèce*.

Questionnaire.

En combien de contrées se divise l'Europe, et quelles sont-
elles?

---

3. — Mers.

L'Europe est baignée au nord par l'océan Glacial arctique, et à l'ouest par l'océan Atlantique. Ces deux mers prennent, sur les côtes, des noms particuliers, que nous allons faire connaître.

L'océan Glacial arctique forme la mer *Blanche*, qui pénètre dans la partie septentrionale de la Russie.

L'océan Atlantique forme la mer du *Nord*, la mer *Baltique*, la mer d'*Irlande*, la *Manche*, qui sépare la France de l'Angleterre, et la *Méditerranée*, qui s'étend au sud de l'Europe.

La Méditerranée donne elle-même naissance à la mer de *Sicile*, à la mer *Ionienne*, à la mer *Adriatique*, à l'*Archipel*, à la mer de *Marmara*, à la mer *Noire* et à la mer d'*Azof*.

Au sud-est de la Russie se trouve la mer *Caspienne*, qui est isolée au milieu des terres. Seize mers baignent donc l'Europe.

Questionnaire.

Quelles mers principales baignent l'Europe?
Citez la mer que forme l'océan Glacial arctique.
Lesquelles sont formées par l'océan Atlantique?
La Méditerranée ne forme-t-elle pas des mers particulières?
Quelle mer remarque-t-on encore en Europe?

---

4. — Golfes.

On compte en Europe dix golfes principaux, qui se classent comme il suit :

Trois formés par la mer Baltique : les golfes de *Bothnie*, de *Finlande* et de *Livonie* ;

Un par la mer du Nord : le *Zuiderzée* ;

Un par l'océan Atlantique : le golfe de *Gascogne* ;

Deux par la Méditerranée proprement dite : les golfes du *Lion* et de *Gênes* ;

Deux par la mer Ionienne : *Tarente* et *Lépante* ;

Et un par l'Archipel : le golfe de *Salonique*.

Questionnaire.

Combien compte-t-on de golfes principaux en Europe, et quels sont-ils ?

---

5. — Iles. — Presqu'îles. — Isthmes.

Il y a en Europe sept grandes îles ; ce sont : dans l'océan Atlantique, l'*Islande*, la *Grande-Bretagne* et l'*Irlande ;* dans la Méditerranée, la *Corse*, la *Sardaigne*, la *Sicile* et l'île de *Candie* (1).

Les grandes presqu'îles sont au nombre de trois : la *Suède* avec la *Norvége* et la *Laponie* russe ; l'*Italie ;* l'*Espagne* avec le *Portugal.*

Le *Jutland*, en Danemark, la *Morée*, en Grèce, et la *Crimée*, en Russie, sont aussi des presqu'îles.

Les espaces de terre qui unissent au continent les trois grandes presqu'îles et le Jutland, sont trop considérables pour qu'on leur donne le nom

---

(1) On compte en outre un nombre considérable de petites îles ; nous ferons connaître les plus importantes en décrivant les pays auxquels elles appartiennent.

d'isthmes. Nous ne compterons donc en Europe que deux isthmes ; savoir : l'isthme de *Corinthe,* qui rattache la Morée au reste de la Grèce, et l'isthme de *Pérécop,* qui joint la Crimée au reste de la Russie.

Questionnaire.

Quelles sont les grandes îles de l'Europe?
Nommez les grandes presqu'îles.
Quelles presqu'îles remarque-t-on encore?
Combien devons-nous compter d'isthmes?

---

6. — Détroits.

Les principaux détroits de l'Europe, au nombre de quinze, sont :

Le *Skager-Rack,* le *Cattégat,* le *Sund,* le *Grand-Belt* et le *Petit-Belt,* qui font communiquer la Baltique avec la mer du Nord ;

Le *Pas-de-Calais,* entre la mer du Nord et la Manche ;

Le canal du *Nord* et le canal *Saint-Georges,* au nord et au sud de la mer d'Irlande ;

Le détroit de *Gibraltar,* qui joint la Méditerranée à l'océan Atlantique ;

Le détroit de *Bonifacio,* entre la Corse et la Sardaigne ;

Le détroit de *Messine,* entre la Sicile et l'Italie ;

Le canal d'*Otrante,* joignant l'Adriatique à la mer Ionienne ;

Le détroit des *Dardanelles* et le canal de *Constantinople,* qui unissent la mer de Marmara, le premier à l'Archipel, le second à la mer Noire ;

Enfin le détroit d'*Iénikalé*, entre la mer Noire et la mer d'Azof.

Questionnaire.

Nommez les principaux détroits de l'Europe, et dites où ils se trouvent.

---

7. — Chaînes de montagnes.

Deux grandes chaînes de montagnes se trouvent sur les confins de l'Europe : les monts *Ourals*, à l'est, et le *Caucase*, au sud-est, entre la mer Noire et la mer Caspienne.

Il y en a six dans l'intérieur; ce sont : les *Dofrines* ou *Alpes Scandinaves*, entre la Suède et la Norvége; les *Pyrénées*, entre la France et l'Espagne; les *Alpes*, qui séparent l'Italie de la France, de la Suisse et de l'Allemagne ; les *Apennins*, qui s'étendent dans toute la longueur de l'Italie; les *Karpathes*, dans l'empire d'Autriche, et les *Balkans*, en Turquie.

On remarque plusieurs chaînes moins importantes : le *Jura*, entre la France et la Suisse; les *Vosges*, les *Cévennes* et les monts d'*Auvergne*, en France; les *Asturies*, les monts *Ibériques*, la *Sierra-Névada*, etc., en Espagne.

Questionnaire.

Quelles grandes chaînes de montagnes se trouvent sur les confins de l'Europe?

Et dans l'intérieur?

Connaissez-vous des chaînes moins importantes?

---

8. — **Fleuves.**

On compte en Europe vingt-trois fleuves principaux, qui se distribuent de la manière suivante :

Un tombe dans la mer Blanche : c'est la *Dvina,* qui se forme en Russie ;

Quatre dans la Baltique : la *Duna* et le *Niémen,* en Russie ; la *Vistule,* qui traverse la Pologne et la Prusse, et l'*Oder,* qui arrose aussi la Prusse ;

Quatre dans la mer du Nord : l'*Elbe,* en Allemagne ; le *Rhin,* qui sort de la Suisse et traverse l'Allemagne et la Hollande ; la *Meuse,* qui a sa source en France et parcourt la Belgique et la Hollande ; la *Tamise,* en Angleterre ;

Un dans la Manche : la *Seine,* qui arrose la France ;

Cinq dans l'Atlantique : la *Loire* et la *Garonne,* en France ; le *Duero,* le *Tage* et le *Guadiana,* en Espagne et en Portugal ;

Deux dans la Méditerranée : l'*Èbre,* qui a son cours en Espagne, et le *Rhône,* qui prend naissance en Suisse et traverse une partie de la France ;

Un dans l'Adriatique : le *Pô,* au nord de l'Italie ;

Deux dans la mer Noire : le *Danube,* qui parcourt l'Allemagne, l'Autriche et la Turquie, et le *Dniéper,* en Russie ;

Un dans la mer d'Azof : le *Don,* qui arrose la Russie ;

Deux dans la mer Caspienne : le *Volga,* un des plus grands fleuves du monde, en Russie, et l'*Oural,* entre l'Europe et l'Asie.

Questionnaire.

Faites connaître les principaux fleuves de l'Europe, décrivez leur cours, et dites dans quelles mers ils tombent.

---

9. — Lacs. — Volcans. — Caps.

L'Europe renferme un grand nombre de lacs, dont treize principaux, savoir : l'*Onéga*, le *Ladoga* et le *Saïma,* en Russie ; le *Wener*, le *Wetter* et le *Mœlar*, dans la Suède ; le lac de *Constance*, entre la Suisse et l'Allemagne ; les lacs de *Genève*, de *Neufchâtel*, de *Lucerne* et de *Zurich*, en Suisse ; le lac *Majeur* et le lac de *Garde*, au nord de l'Italie.

Il y a en Europe trois volcans remarquables : le *Vésuve*, en Italie ; l'*Etna*, en Sicile, et l'*Hécla*, en Islande.

Pour terminer la description générale de l'Europe, il nous reste à mentionner les principaux caps de cette partie du monde. Voici leurs noms : le cap *Nord*, à l'extrémité septentrionale de la Norvége ; le cap *Finistère*, au nord-ouest de l'Espagne ; le cap *Saint-Vincent*, au sud-ouest du Portugal, et le cap *Matapan*, au sud de la Morée.

Questionnaire.

Quels sont les principaux lacs de l'Europe?
Citez les volcans les plus remarquables.
Les caps.

DESCRIPTION PARTICULIÈRE. — CONTRÉES DU NORD.

---

10. — **Royaume d'Angleterre** (30 millions d'habitants).

Le royaume d'ANGLETERRE, appelé aussi *Royaume-Uni*, se compose, en Europe, des Iles Britanniques et de plusieurs dépendances administratives.

Les Iles Britanniques sont :

1° La *Grande-Bretagne*, comprenant l'Angleterre et l'Écosse, qui formaient encore au XVIe siècle deux monarchies distinctes ;

2° L'*Irlande*, conquise par les Anglais sur les Danois en 1172 ;

3° Plusieurs groupes, dont quatre principaux, savoir : au nord, les *Orcades*, les *Shetland* et les *Hébrides ;* au sud, les *Sorlingues*.

Le climat de la Grande-Bretagne est froid et humide, et les brouillards y sont fréquents. Généralement bien cultivée, elle donne d'excellents fourrages et beaucoup de céréales. Elle abonde aussi en mines de charbon, de fer, de plomb, d'étain et de cuivre. Mais ce qui constitue la véritable richesse et la puissance de ce pays, c'est son commerce, alimenté par une multitude de manufactures, facilité à l'intérieur par un grand nombre de canaux et de chemins de fer, vivifié et protégé par une très-forte marine, qui assure aux Anglais la prépondérance sur les mers.

L'Irlande est moins favorisée que la Grande-Bretagne sous le rapport des productions végétales : elle renferme beaucoup de lacs, et son sol est en général peu fertile.

Le protestantisme domine dans la Grande-Bretagne ; le catholicisme en Irlande.

Questionnaire.

De quoi se compose le royaume d'Angleterre ?
Nommez les îles Britanniques.
Faites connaître le climat, les productions et le commerce de la Grande-Bretagne.
L'Irlande est-elle fertile ?
Quels cultes professe-t-on dans le royaume d'Angleterre ?

11.— Villes principales du royaume d'Angleterre. — Dépendances administratives.

Les villes principales sont :

1° En Angleterre : *Londres*, sur la Tamise, capitale de tout le royaume, la première cité de l'Europe par sa population, qui s'élève à 3,067,000 habitants, et la plus importante du monde entier par sa richesse ; — *Liverpool,* port très-commerçant ; — *Manchester* et *Birmingham,* grandes villes manufacturières ;

2° En Écosse : *Edimbourg*, capitale, célèbre par son ancienne et fameuse université ; — *Glascow,* la plus industrieuse et la plus commerçante de cette contrée ;

3° En Irlande : *Dublin,* capitale, l'une des villes les plus considérables de l'archipel britannique.

Les dépendances administratives du Royaume-Uni, en Europe, sont : *Gibraltar*, près du détroit de ce nom, forteresse imprenable bâtie sur un rocher ; — l'île de *Malte*, dans la Méditerranée, au sud de la Sicile.

L'Angleterre, entrepôt de toutes les productions du globe, s'est fait en Asie un empire merveilleux de 160 millions d'individus ; elle a en outre de nombreuses colonies en Afrique, en Amérique et dans l'Océanie.

Questionnaire.

Quelles sont les villes principales en Angleterre ? — en Écosse ? — en Irlande ?

Faites-nous connaître les dépendances administratives du Royaume-Uni en Europe ?

Cette puissance n'a-t-elle pas des possessions dans les autres parties du monde ?

---

12. — **Royaume de Danemark** (1 million et demi d'habitants).

Le royaume de DANEMARK, qui jadis dominait la Baltique et tenait sous ses lois la Prusse, la Suède, la Norvége, etc., ne comprend aujourd'hui que :

1° Le *Danemark* proprement dit, c'est-à-dire le *Jutland*, sur la partie continentale, et plusieurs îles, dont les principales sont *Séeland* et *Fionie*, dans la Baltique ;

2° L'*Islande* et les îles *Fœroé*, dans l'Atlantique.

En 1864, le roi de Danemark possédait encore, avec le *Sleswig*, les duchés allemands de *Holstein*

et de *Lauenbourg,* et il était, à ce titre, membre
de la Confédération Germanique (1). Mais l'Allemagne, en se jetant tout entière sur ses États, l'a
dépouillé de ses duchés, c'est-à-dire du tiers de
ses sujets.

Le protestantisme est en Danemark le culte
dominant.

L'archipel danois jouit d'un climat tempéré, et
les terres y sont fertiles. Le Jutland, au contraire,
couvert de marais et de bruyères, est généralement
froid.

L'Islande, dont le nom signifie *terre de glace,*
est hérissée de montagnes volcaniques et se trouve
constamment ensevelie sous la neige. La pomme
de terre y est presque la seule culture.

Copenhague, située sur la côte orientale de l'île
de Séeland, est la capitale du royaume ; c'est une
belle ville, possédant un excellent port. Sa population est de 155,000 habitants.

Nous citerons aussi *Elseneur,* sur le Sund, très-
importante à cause du passage de ce détroit.

Le Danemark a quelques établissements en
Amérique.

Questionnaire.

De quoi se compose le royaume de Danemark?
Le roi de Danemark n'a-t-il pas possédé quelques duchés?
Quel est, en Danemark, le culte dominant?
Que remarque-t-on sur l'archipel danois et sur le Jutland ?
Parlez de l'Islande.
Faites connaître la capitale du royaume.

---

(1) On appelle *confédération* une réunion d'États associés pour
leur sûreté commune, mais ayant chacun leur gouvernement particulier. Voir p. 36.

Citez une autre ville.
Le Danemark a-t-il des possessions hors de l'Europe?

---

13. — Royaume de Suède et de Norvége
(5 millions d'habitants).

La Suède et la Norvége, qui forment depuis 1814 une même monarchie, se composent de la Scandinavie des anciens. Cette vaste région, coupée par une grande chaîne de montagnes, sillonnée de lacs, de fleuves et de torrents, a joué jadis un grand rôle dans l'histoire de l'Europe septentrionale. Aujourd'hui, son influence est bien diminuée, et se trouve paralysée par la puissance gigantesque de la Russie.

C'est de la Scandinavie que vinrent ces pirates appelés *Normands* qui, dans le ixe et le xe siècle, ravagèrent l'Angleterre et l'empire carlovingien.

Le climat de la Suède et de la Norvége est rigoureux. Les productions de la surface du sol ne consistent guère qu'en pâturages et en forêts ; mais les mines de fer et de cuivre sont des plus abondantes.

La partie septentrionale du royaume, couverte presque toute l'année de neiges et de glaces, se nomme *Laponie*. Ses habitants sont remarquables par leur petite taille. Ils tirent un grand parti du renne, animal fort curieux, que la nature prévoyante a rendu particulier à ces contrées : on l'attelle aux traîneaux, son lait et sa chair servent de nourriture, et sa peau de vêtement.

La Suède et la Norvége, bien que réunies sous un seul souverain, ont une constitution et une administration séparées. La religion protestante y domine.

Cette monarchie possède plusieurs îles, parmi lesquelles nous citerons : *Gothland* et *Oland*, dans la mer Baltique ; les groupes de *Loffoden* et de *Tromsen*, dans l'océan Glacial.

Les villes principales sont : *Stockholm*, sur le lac Mœlar, capitale de la Suède et de tout le royaume, importante par son commerce maritime ; population, 133,000 habitants ; — *Christiania*, capitale de la Norvége, excellent port au fond d'un golfe auquel elle a donné son nom.

Questionnaire.

Parlez-nous de la Suède et de la Norvége.
N'est-ce pas de la Scandinavie que vinrent ces pirates qu'on a appelés Normands ?
Donnez quelques notions sur le climat et les productions de la Suède et de la Norvége.
Que savez-vous de la Laponie ?
La Suède et la Norvége ont-elles une même administration ?
Cette monarchie ne possède-t-elle pas plusieurs îles ?
Nommez les villes principales.

---

14. — **Russie d'Europe** (64 millions d'habitants).

La Russie, qui occupe à elle seule la moitié de l'Europe, est sillonnée par de grands cours d'eau, et coupée d'une infinité de lacs et de marais. Elle n'offre presque partout que des plaines monotones, couvertes de boues, de forêts et de glaces ; diverses d'aspect, de climats, de productions, d'habitants; infertiles, désertes, sauvages et froides au nord, assez riches, mieux peuplées, plus civilisées et tempérées au midi.

La Russie n'est véritablement sortie de la barbarie que vers le commencement du XVIIIe siècle, sous le czar Pierre Ier ou le Grand, qui y introduisit de force la civilisation et y établit une administration régulière.

Auteur principal du démembrement de la Pologne, l'empire russe s'est emparé, dans le siècle dernier, d'une partie des dépouilles de ce royaume : la Prusse et l'Autriche se sont partagé le reste.

La plupart des Russes professent la religion grecque, et les Polonais le catholicisme.

Quelque nombreux et immenses que soient en Europe les États de la Russie, ils ne forment que le quart environ de cet empire, qui s'étend encore dans le nord de l'Asie et de l'Amérique : ses possessions réunies égalent la neuvième partie de la surface terrestre.

Questionnaire.

Quel est l'aspect de la Russie d'Europe?

Depuis quelle époque la Russie mérite-t-elle d'être comptée parmi les puissances civilisées ?

L'empire russe ne s'est-il pas agrandi d'une partie de l'ancien royaume de Pologne?

Quels cultes professe-t-on principalement en Russie?

Les possessions lointaines de la Russie sont-elles bien nombreuses?

15. — **Principales villes de la Russie.**

Saint-Pétersbourg, sur la Néva, près du golfe de Finlande, est la capitale de l'empire russe. C'est une grande et belle cité, faisant un commerce immense. Elle renferme 546,000 habitants, avec un arsenal, une fonderie de canons, des écoles militaire, d'artillerie, de marine, etc.

Les autres villes remarquables de la Russie d'Europe sont : *Moscou*, au centre, ancienne capitale de l'empire ; elle fut incendiée par les Russes en 1812 ; — *Varsovie*, sur la Vistule, capitale de la Pologne, et centre de l'industrie et du commerce de ce pays ; — *Riga*, sur la Duna ; — *Astrakan*, à l'embouchure du Volga ; — *Odessa*, port très-florissant, sur la mer Noire ; — *Sébastopol*, en Crimée. Cette ville, emportée d'assaut en 1855 par les armées combinées de la France et de l'Angleterre, est aujourd'hui à demi ruinée et ne compte plus qu'une très-faible population.

Questionnaire.

Faites connaître la capitale de l'empire russe.
Citez les autres villes remarquables.

CONTRÉES DU MILIEU.

La description de la France exigeant beaucoup plus de détails que celle des autres contrées, a été reportée à la suite de la géographie de l'Europe.

16.— **Royaume de Hollande** ou **des Pays-Bas** (3 millions et demi d'habitants).

La HOLLANDE est un pays plat, de peu d'étendue, et presque entièrement conquis sur la mer par l'industrie de l'homme. Des digues merveilleuses, établies depuis plusieurs siècles, et qui exigent chaque année de grandes réparations, protégent contre les inondations les habitants avec leur territoire.

L'écoulement des eaux a été facilité, dans cette contrée marécageuse, par l'établissement de nombreux canaux. Ainsi les Hollandais, par une activité prodigieuse, ont converti des terrains incultes en champs fertiles, en riches pâturages.

Le protestantisme est, en Hollande, la religion principale.

Parmi les villes de ce royaume nous citerons : *Amsterdam*, qui compte 263,000 hab., et rivalise, par son commerce, avec les premières capitales du monde ; — *La Haye*, résidence du roi et siége du gouvernement ; — *Rotterdam*, port très-florissant, et *Maëstricht*, place forte, toutes deux sur la Meuse ; — *Utrecht*, *Nimègue* et *Leyde*, sur le Rhin.

Le grand-duché de *Luxembourg*, petit État situé à l'est de l'Allemagne, a été partagé entre la Hollande et la Belgique ; la partie hollandaise s'est trouvée comprise dans la Confédération Germanique, aujourd'hui dissoute : elle a pour capitale *Luxembourg*, l'une des plus fortes places de l'Europe.

La Hollande a des possessions en Afrique, en Amérique et dans l'Océanie.

Questionnaire.

Qu'y a-t-il à remarquer sur la Hollande ?
Comment a été facilité l'écoulement des eaux ?
Quelle est, en Hollande, la religion principale ?
Citez les villes les plus remarquables.
Que savez-vous du grand-duché de Luxembourg ?
La Hollande n'a-t-elle pas des possessions lointaines ?

---

17. — **Royaume de Belgique** (5 millions d'habitants).

La Belgique, toute française de position, de race, de mœurs, de religion et de langage, a été incorporée à notre pays en 1792. En 1814, elle fut réunie à la Hollande, qui nous appartenait aussi depuis huit ans, et forma avec cette dernière le royaume des *Pays-Bas*. Enfin, en 1830, les Belges secouèrent le joug hollandais et se donnèrent un souverain particulier.

Le commerce, favorisé par les canaux et les chemins de fer qui sillonnent le pays en tous sens, est très-florissant en Belgique; l'industrie y est variée et active, et le sol, d'une riche fécondité, produit du lin, du chanvre, du blé, du tabac, du fer, de la houille.

Presque toute la population professe la religion catholique.

Les villes principales sont : *Bruxelles*, capitale, qui renferme 309,000 habitants, importante surtout par son commerce en librairie; — *Anvers*, place forte, sur l'Escaut, prise en 1832 par les Français sur les Hollandais, qui avaient essayé de renverser le nouveau gouvernement belge; — — *Gand*, centre de la fabrication des cotons en Belgique; — *Malines*, renommée pour ses dentelles; — *Liége*, sur la Meuse, et *Mons*, qui possèdent d'abondantes mines de houille.

Questionnaire.

Quel fut le sort de la Belgique depuis 1792 jusqu'en 1830?
Parlez du commerce, de l'industrie et des productions de la Belgique.
Quelle religion les Belges professent-ils?
Faites connaître les villes principales.

---

18. — **Suisse** ou **Confédération Helvétique**
(2 millions et demi d'habitants).

La Suisse, ancienne Helvétie, forme une confédération dont l'origine remonte au commencement du xive siècle, alors que le pays s'affranchit de la domination autrichienne. Cette petite république se compose aujourd'hui de 22 cantons indépendants les uns des autres et se gouvernant par eux-mêmes. Une diète règle les affaires d'un intérêt commun.

Enfermée dans les Alpes, la Suisse offre des sites extrêmement pittoresques, des montagnes couvertes de neiges éternelles, des glaciers, des lacs, des vallées délicieuses, d'excellents pâturages. Elle est peu fertile en grains :la production du sol ne peut suffire à la nourriture des habitants.

La population suisse se partage entre le catholicisme et le protestantisme.

Les villes principales sont : *Berne* (26,000 h.), chef-lieu du canton le plus grand, et siége de l'assemblée fédérale ; — *Genève*, sur le Rhône, ville riche et peuplée, centre d'une fabrication considérable d'horlogerie et de bijouterie ; — *Bâle*, sur le Rhin ; — *Zurich*, *Lucerne* et *Neufchâtel*, sur les lacs de mêmes noms.

Questionnaire.

Donnez quelques notions sur le gouvernement de la Suisse.
Quel est l'aspect de cette contrée ?
Quels cultes y professe-t-on ?
Nommez les villes principales.

---

19. — Empire d'Autriche (33 millions d'habitants).

L'AUTRICHE, l'une des plus grandes monarchies de l'Europe, rassemble sous sa domination plusieurs peuples divers ; elle se compose :

1° De provinces allemandes, faisant autrefois partie de la Confédération Germanique : la *Bohême*, la *Moravie*, l'*Autriche* propre, le *Tyrol*, etc.

2° De provinces slaves (1) : la *Galicie*, prove-

---

(1) Ce nom a été donné à des peuples de l'Asie qui vinrent anciennement s'établir sur le Danube et sur la Vistule.

nant du partage de la Pologne ; la *Hongrie,* qui fut longtemps un royaume puissant ; la *Transylvanie,* l'*Esclavonie,* etc.

L'empire d'Autriche a de grandes richesses minérales ; le sol y est fertile, l'industrie florissante, et le commerce en progrès.

La population est en majeure partie catholique, quoique pourtant il se trouve beaucoup de protestants dans les provinces allemandes, et de schismatiques grecs dans les provinces slaves.

Vienne, sur le Danube, est la capitale de la monarchie autrichienne. Ses établissements d'instruction publique, sa bibliothèque, son musée d'histoire naturelle, son commerce, sa population, composée de 506,000 habitants, en ont fait une des premières villes de l'Europe.

Nous citerons aussi : *Prague,* capitale de la Bohême, renommée pour ses travaux d'orfévrerie ; — *Bude,* sur la rive droite du Danube, capitale de la Hongrie, et en face, de l'autre côté du fleuve, *Pesth,* place très-commerçante ; — *Presbourg,* aussi sur le Danube ; — *Trieste,* bon port sur l'Adriatique.

Questionnaire.

De quoi se compose l'Autriche ?
Que remarque-t-on sur le sol, l'industrie et le commerce ?
Quel culte domine en Autriche ?
Faites connaître la capitale.
Citez quelques autres villes.

20. — Notions sur l'Empire d'Allemagne.

L'ALLEMAGNE, ancienne Germanie, fut conquise par Charlemagne et réunie à son empire. Ce fut alors qu'elle sortit de la barbarie et commença d'avoir une existence politique. Elle forma sous les fils de Louis le Débonnaire un royaume parti- culier, dont les souverains prirent bientôt le titre d'empereurs. Au xvie siècle, elle fut partagée administrativement en 10 cercles, et cette division subsista jusqu'en 1806, époque à laquelle Napoléon établit la Confédération du Rhin, remplacée neuf ans après par la *Confédération Germanique*.

Depuis 1871, l'Allemagne forme un Empire fédé- ral, divisé en 27 États, dont le principal est le royaume de Prusse.

Chacun de ces États a son gouvernement parti- culier pour les questions intérieures; mais l'armée, la marine et les relations extérieures sont placées sous la direction de la Prusse. Les affaires générales se traitent dans une assemblée élue par le suffrage universel.

L'Allemagne se divise physiquement en trois régions : la partie basse, froide et humide du nord, vaste plaine couverte de lacs, de landes et de ma- récages ; la partie salubre et tempérée du centre, riche en bois et en pâturages ; enfin celle du midi, que les Alpes couvrent de leurs ramifications, et où le climat varie selon l'élévation des lieux.

Les terres produisent des céréales, du lin, du

chanvre, du tabac, des plantes oléagineuses, du houblon, du vin. Les montagnes, qui sont pour la plupart couvertes de forêts, renferment de l'argent, du cuivre, du plomb et du fer.

Les diverses branches de l'industrie ont reçu de grands développements dans cette contrée. Le commerce y a pris aussi une extension considérable, grâce à des routes bien entretenues, à des chemins de fer très-importants, et à une foule de cours d'eau navigables.

L'Empire allemand renferme une population de 41 millions d'habitants, dont les trois quarts sont protestants et un quart catholiques.

Questionnaire.

Donnez quelques notions historiques sur l'Allemagne.
De combien d'États se compose cette contrée?
Comment sont régis ces divers États?
Quel est l'aspect de l'Allemagne?
Faites connaître les principales productions du sol.
Parlez de l'industrie et du commerce.
Quelle est la population de l'Empire?

---

21. — Royaume de Prusse (26 millions d'habitants).

La PRUSSE n'a pris rang parmi les royaumes qu'au commencement du siècle dernier; cependant, elle est devenue entièrement prépondérante en Allemagne depuis quelques années.

En 1864, elle se composait de 8 provinces, savoir : le grand-duché de *Posen*, démembrement du royaume de Pologne, la *Prusse* proprement dite, la *Poméranie*, le *Brandebourg*, la province de *Saxe*, la *Silésie* (1), la *Westphalie* et la province *Rhénane*.

Elle s'est accrue, en 1865, du *Schleswig-Holstein*, enlevé au Danemark; l'année suivante, du *Hanovre* et de la province de *Hesse*, formée de la réunion de l'Electorat de ce nom et de quelques autres petits États allemands.

Dans sa partie orientale, la Prusse est marécageuse, couverte de lacs et peu fertile; dans sa partie occidentale au contraire, elle est riche en bois, en pâturages, en vignobles et en métaux.

La population de cette contrée se divise entre le catholicisme et le protestantisme, qui est dominant.

Berlin, sur la Sprée, est la capitale du royaume. Elle a de l'importance par ses fabriques, son activité commerciale et sa population, qui s'élève à 633,000 habitants.

Parmi les autres villes on remarque : *Breslau*, sur l'Oder, en Silésie; — *Dantzig*, le premier port des États prussiens, à l'embouchure de la Vistule; — *Magdebourg*, place forte, sur l'Elbe, dans la province de Saxe; — *Cologne*, sur le Rhin, chef-lieu de la Prusse rhénane; — *Aix-la-Chapelle*, fondée par Charlemagne et résidence de cet empereur; — *Francfort-sur-le-Mein*, naguère ville libre et siége de la diète de la Confédération.

---

(1) Cette province fut enlevée en 1742 à l'Autriche, qui en a conservé une petite partie.

Questionnaire.

Parlez de la prépondérance de la Prusse en Allemagne.
De quoi se composait-elle en 1864?
Faites connaître ses accroissements successifs.
Dites quelques mots sur les productions de la Prusse.
Quels cultes suit-on dans cette contrée?
Quelle est la capitale du royaume?
Nommez quelques autres villes remarquables.

22. — États secondaires de l'Allemagne
(15 millions d'habitants).

Outre la Prusse, l'empire d'Allemagne comprend trois royaumes, six grands-duchés, cinq duchés, huit principautés, trois villes libres, et une province française récemment conquise.

Les royaumes sont : la BAVIÈRE, capitale *Munich*, une des plus belles villes de l'Europe; — la SAXE, cap. *Dresde*, remarquable par son arsenal, son musée, etc.; — le WURTEMBERG, cap. *Stuttgard* (1).

Les grands-duchés : BADE, capitale *Carlsruhe*, ville moderne; — HESSE, cap. *Darmstadt*; — MECKLEMBOURG-SCHWERIN, cap. *Schwerin*; — OLDEN-BOURG, cap. *Oldenbourg,* port sur un affluent du Weser; — SAXE-WEIMAR, cap. *Weimar;* — MECKLEMBOURG-STRÉLITZ, cap. *Neu-Strélitz.*

Les duchés : BRUNSWICK, ayant pour cap. la ville de même nom; — ANHALT, cap. *Dessau;* — SAXE-

____

(1) Les États qui composent chaque série, sauf les principautés, sont classés ici d'après l'importance de leur population.

Meiningen, cap. *Meiningen;* — Saxe-Cobourg-Gotha, cap. *Gotha;* — Saxe-Altenbourg, cap. *Altenbourg.*

Principautés : les deux *Lippe*, les deux *Reuss*, les deux *Schwarzbourg*, *Waldeck* et *Lichtenstein.*

Villes libres : *Hambourg*, sur l'Elbe, riche, bien peuplée et très-commerçante ; — *Brême*, sur le Weser ; — *Lubeck*, non loin de la mer Baltique.

Enfin, nous ajoutons ici avec douleur le gouvernement d'Alsace-Lorraine, formé des conquêtes faites sur la France en 1871, et dont la capitale est *Strasbourg.*

Questionnaire.

Comment classe-t-on les États secondaires de l'Allemagne ?
Faites connaître les royaumes et leurs capitales.
Les grands-duchés.
Les duchés.
Citez les principautés.
Quelles sont les trois villes libres ?
Nommez la province française.

CONTRÉES DU SUD.

23. — **Royaume de Portugal** (4 millions d'habitants).

Le Portugal est une contrée montagneuse, bien arrosée, d'un climat doux et salubre, mais presque sans agriculture et sans industrie. Quelques cantons produisent du vin, des oranges et des citrons ; d'autres sont entièrement déserts ou incultes.

Ce petit royaume, dont les habitants appartiennent au catholicisme, se divise en 8 provinces.

Ses principales villes sont : *Lisbonne*, capitale, d'une population de 224,000 habitants, l'un des meilleurs ports de l'Europe, à l'embouchure du Tage ; — *Porto,* sur le Duero, célèbre par ses vins ; — *Coïmbre,* fameuse par son antique université.

Resserrés dans d'étroites limites par la monarchie espagnole, les Portugais se tournèrent, il y a plusieurs siècles, vers les entreprises maritimes, et se signalèrent par de nombreuses et importantes découvertes. Bien que déchus de leur ancienne puissance, ils ont encore quelques possessions en Asie, en Afrique et dans l'Océanie.

Questionnaire.

Que savez-vous du Portugal ?
Comment se divise ce royaume ?
Faites connaître ses principales villes.
Les Portugais ont-ils des possessions hors de l'Europe ?

---

24. — **Royaume d'Espagne** (16 millions et demi d'habitants).

L'ESPAGNE, florissante au moyen âge, plus tard dominatrice de l'Europe et puissante à l'extérieur par ses possessions dans les diverses parties du monde, ne conserve aujourd'hui presque aucun vestige de son ancienne splendeur.

Elle est formée de 14 parties principales. Nous citerons seulement : *Valence* et *Murcie,* les provinces les plus riches et les mieux cultivées ; la *Catalogne,* la plus industrieuse, la plus militaire et la plus civilisée ; la *Navarre,* la *Castille* et l'*Aragon,* célèbres dans notre histoire ; l'*Andalousie ;* enfin les îles *Baléares,* dont les habitants sont dans une misère et une ignorance regrettables.

Cette contrée a des températures diverses et présente les aspects les plus variés. Tantôt ce sont des montagnes neigeuses, puis des vallées profondes où un soleil d'Afrique, rafraîchi par les brises de la mer, fait naître les végétaux les plus précieux ; tantôt, des terres dont la surface et l'intérieur rivalisent de richesses, mais qu'une population rare et peu active laisse incultes et désertes ; tantôt enfin, une chaleur moyenne, et des campagnes bien peuplées, avec des bois, des pâturages, des vignobles, des carrières de marbre, des salines abondantes, des mines de mercure, de cuivre, de fer et de plomb.

Le commerce est peu développé en Espagne, à cause du manque de voies navigables et du mauvais état des routes. Il ne s'exerce guère que sur la soie, les vins, et la laine fine des moutons appelés *mérinos.*

La religion catholique est la seule qui y soit tolérée.

Les villes les plus remarquables sont : *Madrid,* capitale (476,000 hab.), dans une plaine aride ; — *Barcelone,* belle place maritime, sur la Méditerranée ; — *Saragosse,* sur l'Èbre, industrieuse et commerçante ; un siége mémorable y fut soutenu contre les Français en 1809 ; — *Séville,* au milieu d'une plaine couverte de plantations d'oliviers et arrosée par le Guadalquivir : « Qui n'a pas vu Séville, dit un proverbe, n'a rien vu ; » — *Grenade,* dans un lieu parsemé de jardins et de bosquets ; — *Cadix,* port sur l'Atlantique ; — *Malaga* et *Alicante,* renommées pour leurs vins.

L'Espagne possède encore en Afrique, en Amérique et dans l'Océanie quelques débris des territoires autrefois soumis à sa domination.

Questionnaire.

L'Espagne n'a-t-elle pas perdu de son ancienne puissance ?
De combien de parties est-elle formée ?
Faites connaître le climat, l'aspect et les principales productions de cette contrée.
Le commerce est-il développé en Espagne ?
Quelle religion y professe-t-on ?
Citez les villes les plus remarquables.
L'Espagne a-t-elle encore des possessions hors de l'Europe ?

---

25. — **Royaume d'Italie** (25 millions d'habitants).

L'ITALIE , jadis prépondérante en Europe et siége de la puissance romaine, a été souvent envahie et conquise par les peuples du nord, et pendant plusieurs siècles elle n'a pu constituer à ses habitants une patrie indépendante. Dans les temps anciens, elle était partagée en trois populations qui n'avaient rien de commun entre elles : les Gaulois au nord, les Italiens au centre, et les Grecs au sud. Au moyen âge, elle comprenait une multitude de républiques, de principautés, de royaumes, toujours rivaux, toujours ennemis. Dans les temps modernes, elle était divisée en plusieurs États soumis à l'influence de la maison d'Autriche, et que bouleversa la Révolution française. Enfin, dans ces dernières années, sous l'impulsion de la maison de Savoie, il s'est formé de toute l'Italie un royaume unique.

Cette contrée, l'une des plus célèbres du globe par les grands événements qui s'y sont accomplis, est aussi l'une des plus favorisées de la nature par son ciel pur et délicieux, par les eaux dont elle est arrosée, par son sol abondant en grains, en pâturages, en vins, en fruits et en minéraux. Malheureusement, les anarchies perpétuelles dont elle a été le théâtre ont paralysé en partie ces ressources : au centre et au midi principalement, l'agriculture, l'industrie et le commerce sont encore arriérés.

L'Italie a produit un grand nombre de littérateurs, de savants, de peintres, de sculpteurs, de musiciens, et conserve de précieux souvenirs de l'antiquité païenne et chrétienne. Presque tous ses habitants sont catholiques.

Questionnaire.

Quel fut, depuis les temps anciens, le sort de l'Italie ?

Parlez-nous du climat, des productions, de l'industrie et du commerce de cette contrée.

Que savez-vous encore de l'Italie ?

26. — **Royaume d'Italie** (Suite).

Le royaume d'Italie comprend :

1° L'ancienne monarchie sarde, formée du *Piémont*, de la province de *Gênes* et de l'île de *Sardaigne*;

2° La *Lombardie*, province italienne enlevée à l'Autriche par les armes de la France en 1857, et placée sous le sceptre du roi de Sardaigne;

3° Les duchés de *Toscane*, de *Parme* et de *Modène*, qui, à l'époque que nous venons de citer, ont chassé leurs princes et voté leur annexion au Piémont;

4° La *Romagne*, les *Marches* et l'*Ombrie*, démembrées des États de l'Église en 1860;

5° L'ancien royaume des *Deux-Siciles*, composé des provinces napolitaines et de l'île de Sicile, et conquis la même année par les Piémontais;

6° La *Vénétie*, cédée par l'Autriche en 1866;

7° *Rome* et son territoire, qui formaient en dernier lieu les possessions temporelles du Pape, et qui lui furent enlevés en 1871.

Les îles volcaniques de *Lipari*, réunies en groupe au nord de la Sicile, et l'île d'*Elbe*, qui est située à l'ouest de la Toscane et qui fut donnée en souveraineté à Napoléon en 1814, dépendent aussi du royaume d'Italie.

Que comprend le royaume d'Italie?
Quelques petites îles ne font-elles pas partie du royaume d'I-
talie ?

---

27. — **Villes principales de l'Italie.**

La capitale du royaume d'Italie est Rome
(220,000 hab.), sur le Tibre; c'est la plus célèbre
ville du monde, tant comme capitale de la chrétienté, que sous le rapport des antiquités, des souvenirs historiques, des beaux-arts, du nombre et de
la magnificence de ses monuments, parmi lesquels
on remarque la fameuse basilique de Saint-Pierre,
et le Vatican, résidence actuelle du Souverain
Pontife.

Florence, ancienne capitale de la Toscane, était
récemment le siége du gouvernement italien. On
remarque dans cette ville de magnifiques collections
scientifiques et de riches musées.

Nous citerons encore : *Turin,* ancienne capitale
de la monarchie sarde, sur le Pô, célèbre par ses
établissements littéraires et par son arsenal; —
Gênes, vaste port au fond du golfe qui porte son
nom; — *Milan,* capitale de la Lombardie, grande
ville, fameuse par ses souvenirs, ses monuments,
sa civilisation et son industrie; — *Venise,* ancienne
capitale de la Vénétie, bâtie sur pilotis dans un en-

droit marécageux voisin de l'Adriatique, et composée de soixante à quatre-vingts îles que réunissent une infinité de ponts ; — *Parme* et *Modène,* capitales des duchés de mêmes noms ; — *Bologne,* dans la Romagne, remarquable par son université ; — *Naples,* capitale du royaume des Deux-Siciles, la ville la plus considérable de l'Italie (448,000 h.), dans une situation admirable et délicieuse ; — *Palerme* et *Messine,* en Sicile.

Questionnaire.

Parlez-nous de la ville de Rome.
Quel fut le dernier siége du gouvernement italien ?
Citez quelques autres villes.

---

28. — Turquie d'Europe (16 millions d'habitants).

La TURQUIE d'Europe, pays montagneux, jouit d'un beau climat ; son sol est très-fertile, et sa situation, des plus heureuses ; mais l'agriculture y est négligée, l'industrie peu active, le commerce abandonné aux étrangers, et le peuple plongé dans un pénible asservissement : le sultan, qui est à la fois chef de l'État et de la religion musulmane, dispose à son gré de la vie et des biens de ses sujets.

Cette contrée et ses possessions en Asie et en Afrique forment ce qu'on appelle l'empire *Ottoman.*

Les Turcs, venus de la Tartarie (Asie), dans le

xive siècle, étendirent rapidement leurs conquêtes en Europe et firent trembler la chrétienté.
Mais des ennemis puissants, les Russes surtout,
anéantirent leur grandeur.

Mahmoud II, sultan de 1808 à 1839, a voulu
donner une vie nouvelle à sa nation, en y répan-
dant les lumières et les usages de l'Europe. Ses
efforts ont été peu fructueux, car ils n'ont pas
arrêté la décadence du pays.

Un tiers de la population de la Turquie d'Europe appartient à la religion mahométane; le
reste, à l'exception d'un petit nombre de catholiques et de juifs, fait partie de l'Église grecque.

Questionnaire.

Que savez-vous de la Turquie d'Europe?
Quel autre nom porte cette contrée?
Parlez-nous de l'ancienne puissance des Turcs.
Qu'entreprit le sultan Mahmoud II ?
Quels cultes dominent dans la Turquie d'Europe?

---

29. — Villes principales de la Turquie d'Europe. — Principautés danubiennes.

Constantinople, port sur le détroit de son nom,
est la capitale de la monarchie ottomane. C'est
une des plus grandes villes du monde : 715,000
habitants.

On distingue encore : *Andrinople*, qui a une
citadelle, un arsenal et une fonderie de canons;
— *Gallipoli*, bon port sur le détroit des Dardanelles; — *Salonique*, sur le golfe de ce nom,
florissante par son commerce.

Dans la partie septentrionale de la Turquie d'Europe se trouvent trois provinces à peu près indépendantes, c'est-à-dire payant seulement tribut au sultan ; ce sont : 1° La *Servie*, qui s'affranchit du joug des Turcs en 1817 : elle est la plus intéressante de l'empire par la bravoure de ses habitants et le rôle qu'elle a joué dans l'histoire ; — 2° La *Valachie* et la *Moldavie*, pays mal peuplés, à peine civilisés, et ayant besoin d'un long repos pour racheter les maux que leur a causés, pendant quatre siècles, une dure oppression : un seul prince les gouverne toutes deux depuis 1859.

Ces trois provinces, qu'on désigne sous le titre de *Principautés danubiennes*, ont pour capitales *Belgrade*, *Boukharest* et *Jassy*.

Plusieurs îles dépendent de la Turquie : nous citerons seulement *Candie*, traversée dans sa longueur par une chaîne de montagnes, et fertile en oliviers.

Questionnaire.

Quelle est la capitale de la Turquie ?
.Faites connaître quelques autres villes.
Qu'avez-vous à dire touchant la Servie, la Valachie et la Moldavie ?
Nommez les capitales de ces trois provinces.
Citez une île remarquable.

---

30. — **Royaume de Grèce** (1 million et demi d'habitants).

La GRÈCE, berceau de la civilisation européenne, fut jadis portée à un haut degré de prospérité ; mais les Turcs s'en emparèrent au xve siècle, et la retinrent dans une misérable servitude. En 1820, elle secoua enfin le joug ottoman : après une lutte opiniâtre de sept années, et par le concours de la France, de l'Angleterre et de la Russie, elle recouvra son indépendance.

Érigé en royaume depuis 1832, le pays commence à se relever de l'abaissement auquel l'avait réduit ses oppresseurs.

Le ciel y est pur et délicieux; le sol, montagneux, mais fertile, produit principalement l'olivier, l'oranger, la vigne et le laurier.

Cette monarchie se compose de la *Grèce* proprement dite, au nord; de la *Morée*, au sud, et de plusieurs îles, dont les plus remarquables sont : dans l'Archipel, *Négrepont* et les *Cyclades ;* dans la mer Ionienne, *Corfou, Sainte-Maure, Céphalonie, Zante,* etc., qui formèrent de 1814 à 1863 une république confédérée, sous la protection de l'Angleterre.

La plupart des habitants professent la religion grecque.

Parmi les villes du royaume de Grèce nous citerons : *Athènes,* capitale, dont la population est de 50,000 habitants, l'ancienne patrie des lettres et des beaux-arts ; — *Lépante,* sur le golfe de ce nom; — *Corinthe,* autrefois florissante ; — *Navarin,* port sur la mer Ionienne, célèbre par la victoire que remporta sur les Turcs, en 1827, la flotte combinée des Français, des Anglais et des Russes.

Questionnaire.

Qu'était anciennement la Grèce ?
Le pays est-il maintenant en voie de progrès ?
Parlez du climat et des productions.
De quoi se compose cette monarchie?
Quel culte suit-on?
Citez les principales villes.

III.

FRANCE.

Population : 36 millions et demi d'habitants.
Superficie : 527 mille kilomètres carrés.

INTRODUCTION.

1. — **Notions historiques.**

La France actuelle se compose de la plus grande
partie de l'ancienne Gaule. Celle-ci, conquise par
Jules César en l'année 50 avant Jésus-Christ, resta
pendant cinq cents ans au pouvoir des Romains.
Les Francs, peuple germain, vinrent s'y établir
au commencement du v° siècle de notre ère, et
Clovis, leur premier roi chrétien, y fonda une
monarchie qui fut, sous Charlemagne, le plus
puissant empire de l'Europe.

Morcelée par des partages multipliés, la France
devint bientôt la proie d'une foule de petits souverains, sur lesquels le roi n'avait qu'une suprématie d'honneur. Ce régime, appelé la *féodalité*,

dura longtemps. Hugues Capet et quelques-uns de ses successeurs essayèrent bien de faire rentrer toutes les parties du pays sous leur domination ; mais ils eurent à lutter contre de puissants seigneurs, contre les rois d'Angleterre surtout, qui possédaient quelques provinces sur notre territoire, et plus d'une fois la France faillit passer sous le joug britannique.

Cependant, au milieu de nos plus grands dangers la Providence veillait sur nous : les Anglais furent repoussés dans leur île, et la féodalité, attaquée par Philippe-Auguste, par saint Louis et plusieurs autres princes, était complétement anéantie à la fin du règne de Louis XIV. .

Questionnaire.

De quoi se compose la France actuelle, et comment devint-elle une grande monarchie ?
Quel fut plus tard le sort de la France?
Quand la féodalité fut-elle anéantie?

---

2. — Anciennes provinces.

La France comprenait en 1789 trente-deux gouvernements ou provinces ; c'étaient :

1° Au nord, la FLANDRE, cap. *Lille* ; — l'ARTOIS, cap. *Arras*; — la PICARDIE, cap. *Amiens*; — la NORMANDIE, cap. *Rouen*; — l'ILE-DE-FRANCE, cap. *Paris* ; — la CHAMPAGNE, cap. *Troyes* ;

2° A l'est, la LORRAINE, cap. *Nancy* ; — l'ALSACE, cap. *Strasbourg* ; — la FRANCHE-COMTÉ, cap. *Besançon* ; — la BOURGOGNE, cap. *Dijon* ; — le LYON-

NAIS, cap. *Lyon*; — le DAUPHINÉ, cap. *Grenoble*;

3° Au sud, la PROVENCE, cap. *Aix*; — le LANGUEDOC, cap. *Toulouse*; — le ROUSSILLON, cap. *Perpignan*; — le COMTÉ DE FOIX, cap. *Foix*; — la GUYENNE et la GASCOGNE, cap. *Bordeaux*; — le BÉARN, cap. *Pau*;

4° A l'ouest, la SAINTONGE et l'ANGOUMOIS, cap. *Saintes*; — l'AUNIS, cap. *La Rochelle*; — le POITOU, cap. *Poitiers*; — la BRETAGNE, cap. *Rennes*; — l'ANJOU, cap. *Angers*; — le MAINE, cap. *Le Mans*;

5° Au centre, l'ORLÉANAIS, cap. *Orléans*; — la TOURAINE, cap. *Tours*; — le BERRY, cap. *Bourges*; — le NIVERNAIS, cap. *Nevers*; — le BOURBONNAIS, cap. *Moulins*; — la MARCHE, cap. *Guéret*; — le LIMOUSIN, cap. *Limoges*; — l'AUVERGNE, cap. *Clermont-Ferrand*.

Questionnaire.

Comment se divisait la France en 1789, et quelles étaient les provinces du nord? — de l'est? — du sud?— de l'ouest?— du centre?

---

3. — **Division actuelle. — Gouvernement.**

Ces provinces, bien que réunies sous un même sceptre, avaient des lois particulières, des libertés locales, une administration distincte. L'Assemblée nationale voulant mettre fin à ces abus, supprima la division par provinces et partagea le sol en 83 *départements* (1).

La France s'est agrandie en 1791 du comtat *Venaissin*, qui appartenait aux papes, et en 1860,

---

(1) En y comprenant l'île de Corse.

de la *Savoie* et du comté de *Nice*. Mais en 1871, elle a perdu, au profit de l'Allemagne, l'Alsace et une partie de la Lorraine. Par suite de ces annexions et retranchements, puis de quelques changements opérés dans la division primitive, notre pays se compose actuellement de 87 départements.

Le gouvernement de la France est une République, à la tête de laquelle se trouve une Assemblée *nationale,* qui a la puissance législative et nomme le Président de la République, chargé de l'exécution des lois.

Sur une population de trente-six millions et demi d'habitants, on compte deux millions de protestants et cinq cent mille juifs; tout le reste est catholique.

Questionnaire.

Comment la France fut-elle divisée en 1789?
Quel est le nombre actuel de nos départements?
D'où vient leur nom?
Faites connaître les divers cultes professés en France.

---

4. — Autres divisions de la France.

Chaque département, administré par un préfet, se divise en *arrondissements,* à la tête desquels sont placés des sous-préfets (1). Les arrondissements se subdivisent en *cantons* (2), et les cantons en *communes* (3).

---

(1) Excepté l'arrondissement chef-lieu, qui est administré directement par le préfet.
(2) La division en cantons est essentiellement judiciaire.
(3) On compte en France 362 arrondissements, 2,871 cantons, et 36,000 communes.

La France forme, sous le rapport du culte catholique, quatre-vingt-quatre *diocèses :* dix-sept sont administrés par des archevêques, et soixante-sept par des évêques. L'archevêque a pour suffragants un certain nombre d'évêques.

On compte, pour l'administration judiciaire, vingt-six *cours d'appel,* entre lesquelles sont partagés les départements. Il y a en outre dans chaque arrondissement un *tribunal de première instance,* et dans chaque canton une *justice de paix.*

Pour la direction de l'instruction publique, la France se trouve divisée en seize circonscriptions appelées *académies,* et administrées chacune par un recteur.

Enfin le pays est partagé, sous le rapport militaire, en vingt *divisions :* chacune est placée sous l'autorité d'un général, et forme autant de subdivisions qu'elle renferme de départements.

Avant d'appliquer les notions précédentes aux départements qu'elles concernent, il nous faut connaître la situation respective de ces départements, les principales villes qu'ils renferment, et ce qu'ils offrent de plus remarquable ; nous allons donc les décrire séparément, en adoptant la méthode que voici : nous suivrons sur la carte les confins de la France ; toutes les fois que nous rencontrerons un cours d'eau assez important, nous pénétrerons par son embouchure dans l'intérieur des terres, et en le remontant, lui et ses affluents, nous visiterons les divers lieux qui appartiennent à son bassin. Commençons par la Seine, qui se jette dans la Manche.

Questionnaire.

De quelle manière se divise chaque département ?

Quelle est la division de la France sous le rapport du culte catholique ?

Comment est organisée l'administration judiciaire ?

En combien de circonscriptions la France est-elle divisée pour la direction de l'instruction publique ?

Quelle est la division de la France sous le rapport militaire ?

Exposez la méthode que nous allons suivre pour décrire avec ordre nos départements.

BASSIN DE LA SEINE.

---

5. — Seine-Inférieure. — Eure. — Eure-et-Loir.

Le département de la SEINE-INFÉRIEURE se développe surtout au nord du fleuve auquel il doit son nom. Il produit principalement la pomme et la poire à cidre, et l'industrie manufacturière y est fort avancée. *Le Havre,* magnifique port à l'embouchure de la Seine, est un des centres les plus actifs du commerce français. — *Rouen* est le chef-lieu du département. Cette grande cité, de 101,000 habitants, a d'importantes fabriques de tissus de coton dits *rouenneries*. Elle nous rappelle un triste souvenir, le supplice de Jeanne d'Arc. — *Elbeuf* est célèbre par ses draps (1).

---

(1) Pour les détails administratifs, ecclésiastiques, etc., consulter le tableau alphabétique des départements, à la page 95.

Au delà de cette ville, nous trouvons sur notre droite (1) une rivière appelée l'*Eure*, qui nous conduit d'abord au département de l'EURE, ensuite à celui d'EURE-ET-LOIR, pays fertiles, et offrant une grande variété de culture.

Le département de l'Eure ne renferme pas de villes considérables. *Louviers*, sous-préfecture, fabrique des draps fins. — Le chef-lieu, *Évreux* (12,000 hab.), assis dans un charmant vallon, se distingue surtout par son industrie.

Chartres (20,000 h.), chef-lieu du département d'Eure-et-Loir, fait un grand commerce de blé et de bestiaux. On admire sa cathédrale.

Questionnaire.

Que savez-vous du département de la Seine-Inférieure?
Quelle rivière trouvons-nous au delà d'Elbeuf?
Dites les principales villes du département de l'Eure.
Parlez-nous de la ville de Chartres.

---

6. — Oise. — Aisne.

L'*Oise*, affluent de droite de la Seine, nous fait pénétrer dans deux départements intéressants sous le double rapport de l'agriculture et de l'industrie : l'OISE et l'AISNE.

Le premier a pour chef-lieu *Beauvais* (15,000 hab.), célèbre par le siége que soutint Jeanne Hachette contre Charles le Téméraire, en 1473. La ville et ses environs possèdent des manufactures considérables de draps et de tapis. — *Com-*

---

(1) C'est-à-dire sur la rive gauche du fleuve.

piëgne, sous-préfecture, est remarquable par son château national et sa superbe forêt.

Le département de l'Aisne tire son nom d'un des nombreux affluents de l'Oise. La ville de *Laon,* son chef-lieu (10,000 hab.), fameuse dans le moyen âge, est située sur une petite montagne isolée au milieu d'une plaine fertile. — *Saint-Quentin,* qui appartient au bassin de la *Somme,* a une plus grande importance; la fabrication et le commerce des mousselines, des batistes et des tulles, occupent la majeure partie de ses habitants.

Questionnaire.

Dans quels départements nous fait pénétrer l'Oise ?
Quelles sont les principales villes du département de l'Oise?
Que savez-vous du département de l'Aisne?

---

7. — Seine-et-Oise. — Seine.

En reprenant le cours du fleuve, nous nous trouvons dans le département de SEINE-ET-OISE, qui produit des grains de toute espèce, des vignes et des bois. Le chef-lieu, *Versailles* (45,000 hab.), est surtout célèbre par son château, que Louis-Philippe a converti en un beau musée historique. Cette ville est devenue le siége du gouvernement français en 1871, après avoir été le quartier général du roi de Prusse pendant la dernière guerre. — *Sèvres,* sur la Seine, a une jolie manufacture de porcelaines.

Le département de la SEINE, enclavé dans celui de Seine-et-Oise, a très-peu d'étendue, mais il est le plus important de la France par sa population. Il a pour chef-lieu *Paris*, la capitale de l'État, renfermant 2 millions d'habitants. Cette métropole de la civilisation moderne est la patrie d'une foule d'hommes illustres; le point de départ de nos grandes routes et des chemins de fer; le centre de toutes les industries et d'un commerce considérable. Ses boulevards, ses belles promenades, ses nombreuses et riches bibliothèques, ses musées, ses admirables monuments, lui assignent la première place parmi les villes de l'Europe. Disons cependant que d'effroyables incendies ont en grande partie dévasté ses principaux édifices, dans la formidable insurrection de 1871.

Les deux sous-préfectures de ce département, *Saint-Denis* et *Sceaux*, sont remarquables, la première par sa basilique, qui renferme les tombeaux des rois de France, la seconde par son grand marché pour l'approvisionnement de Paris.

Questionnaire.

Décrivez le département de Seine-et-Oise.
Parlez du département de la Seine et de son chef-lieu.
Que savez-vous des sous-préfectures?

---

8. — Marne. — Haute-Marne.

A l'est de Paris, la Seine reçoit sur sa droite une rivière appelée la *Marne*, qui nous fait connaître les départements de la MARNE et de la HAUTE-MARNE.

Le sol, dans une partie du département de la

Marne, est crayeux et aride. Plusieurs cantons, au contraire, fournissent en abondance toutes les espèces de céréales, des bois et des vignes. *Eper-nay* et ses environs donnent d'excellents vins blancs, dits de *Champagne*. — Le chef-lieu, *Châlons-sur-Marne* (18,000 hab.), est célèbre par son école des Arts-et-Métiers. Mais la ville de *Reims*, simple sous-préfecture, a une bien autre importance sous le rapport de la population et de l'industrie. Elle est le centre d'une fabrication et d'un commerce considérables d'étoffes. Sa cathédrale, où l'on couronnait autrefois les rois de France, est un édifice gothique de la plus grande beauté.

Le département de la Haute-Marne renferme de riches minéraux, et le travail du fer y est très-développé, notamment à *Saint-Dizier*. Il a pour chef-lieu *Chaumont*, petite ville de 8,000 habitants. — *Langres*, sur une montagne près de la Marne, est renommée pour sa coutellerie.

Questionnaire.

Quelle rivière tombe dans la Seine à l'est de Paris?
Donnez quelques notions sur le département de la Marne.
Que savez-vous du département de la Haute-Marne?

---

9. — Seine-et-Marne. — Yonne. — Aube.

Le département de SEINE-ET-MARNE, qui doit son nom aux deux principales rivières qui l'arrosent, renferme d'excellents pâturages, des vignes, des bois, de nombreuses carrières de pierres, et produit beaucoup de grains. Son chef-lieu est *Melun*

(11,000 h.), sur la Seine. — *Fontainebleau,* petite ville située au milieu d'une belle forêt, a un château célèbre par l'abdication de Napoléon.—*Meaux,* sur la Marne, fait un grand commerce de farines. Son siége épiscopal fut illustré par Bossuet.

L'*Yonne,* affluent de gauche, nous conduit au département de son nom, dont le chef-lieu est *Auxerre* (15,000 h.). Comme le précédent, le département de l'Yonne est agricole et a des vignobles estimés. Il est dépourvu de villes considérables.

Le département de l'Aube, traversé par la Seine et par l'*Aube,* est également riche en végétaux. Il a pour chef-lieu *Troyes,* ville de 36,000 h., agréablement située sur la Seine et jadis très-importante.

En continuant à remonter la Seine, nous trouvons bientôt, dans les hauteurs de la *Côte-d'Or,* la source de ce fleuve. Revenons donc à l'embouchure, pour nous diriger vers la Loire, dont les eaux s'écoulent dans l'Atlantique.

Questionnaire.

Faites connaître le département de Seine-et-Marne.
Que savez-vous du département de l'Yonne?
Et du département de l'Aube?
Où la Seine prend-elle sa source?

ENTRE LA SEINE ET LA LOIRE.

---

10. — Calvados. — Orne. — Manche.

Le département du Calvados tire son nom des rochers qui s'étendent le long des côtes de la

Manche, entre les bouches de l'*Orne* et de la *Vire*. C'est un pays de riche culture et de grande industrie. La construction des navires, la fabrication des tissus, la bonneterie, y occupent un nombre considérable d'ouvriers. *Caen*, le chef-lieu, sur l'Orne, est une ville commerçante, d'une population de 42,000 habitants. — *Falaise*, sous-préfecture, tient chaque année une foire qui est l'une des plus importantes de l'Europe.

Le département de l'ORNE, ainsi appelé à cause de la rivière qui l'arrose, est coupé dans toute son étendue par une longue chaîne de collines boisées. Il se distingue, comme le précédent, par ses produits agricoles et industriels. La petite ville de *Laigle* est remarquable par ses fabriques d'épingles, d'aiguilles et de lacets. — Le chef-lieu, *Alençon* (16,000 h.), appartient, par la *Sarthe*, au bassin de la Loire. On y fait des dentelles renommées.

Le département de la MANCHE s'avance en partie dans la mer. Il donne des céréales et des légumes en grande quantité, et l'industrie y est active; elle s'exerce principalement sur l'extraction des marbres, le travail du fer, du zinc et du cuivre. Le chef-lieu, *Saint-Lô* (10,000 h.), sur un roc qui domine la Vire, a de bonnes manufactures de draps et de rubans. — *Cherbourg* est l'un des plus beaux ports militaires de France; sa rade, qui peut contenir quatre cents vaisseaux, est fermée par une digue de près de 4,000 mètres de longueur, travail gigantesque dû à Napoléon Ier.

Questionnaire.

Décrivez le département du Calvados.
Qu'offre de remarquable le département de l'Orne ?
Le département de la Manche ?

---

11. — Côtes-du-Nord. — Finistère. — Morbihan. — Ille-et-Vilaine.

Le département des Côtes-du-Nord, pays montagneux, produit en abondance des grains, des pâturages, des bois et des minéraux. Une partie de sa population se livre à la pêche maritime. Son chef-lieu est *Saint-Brieuc*, ville de 16,000 habitants, située à une lieue de la mer.

Le département du *Finistère* est, comme le précédent, riche, fertile et très-accidenté. Rien de plus imposant que ces côtes découpées, se redressant parfois en masses de granit, contre lesquelles les flots viennent se briser impuissants, mais non sans causer de fréquents naufrages. — *Brest,* la ville la plus considérable de cette extrémité de la France, est le premier port de la marine militaire. — Le chef-lieu, *Quimper* (12,000 h.), n'a qu'une médiocre importance.

Le département du Morbihan, qui a pour chef-lieu *Vannes* (15,000 h.), diffère peu de celui dont nous venons de parler. On s'y occupe beaucoup d'armements maritimes. — *Lorient,* sous-préfecture, a un bon port militaire et commerçant. — La petite presqu'île de *Quiberon* est célèbre par le débarquement et la défaite des émigrés français,

en 1795. — *Belle-Ile* fait partie du même départe-
tement.

La *Vilaine* est la rivière la plus forte que nous
ayons rencontrée depuis la Seine. Elle nous conduit au département d'ILLE-ET-VILAINE, peu fertile,
mais industrieux. Le chef-lieu est *Rennes,* qui a un
arsenal, une école de droit et 50,000 habitants.

Questionnaire.

Que savez-vous du département des Côtes-du-Nord?
Dites l'aspect du département du Finistère, et nommez ses
principales villes.
Parlez du département du Morbihan.
Où nous conduit la Vilaine?

BASSIN DE LA LOIRE.

12. — Loire-Inférieure. — Maine-et-Loire. — Mayenne. — Sarthe.

La Loire nous fait entrer dans un département
offrant des campagnes fertiles, la LOIRE-INFÉRIEURE,
où croissent le blé, le pommier et les légumes.
Saint-Nazaire a un port dont l'importance s'accroît
tous les ans. — *Nantes,* le chef-lieu, est une belle
ville, peuplée de 112,000 habitants, et qui a un commerce maritime très-considérable.

Le département de MAINE-ET-LOIRE produit des
fruits estimés, une grande abondance de céréales,
du lin et du chanvre; il a d'ailleurs des mines de
houille, des carrières d'ardoises et de bons pâtu-

rages. Au centre de ce pays, le fleuve reçoit, sur sa droite, le *Maine*, rivière qui est formée par la réunion de la *Mayenne*, de la *Sarthe* et du *Loir*. *Angers*, chef-lieu du département, est situé au confluent de ces trois cours d'eau, a 52,000 habitants, et se distingue par son industrie. — *Saumur*, sous-préfecture, possède une école de cavalerie et fait un bon commerce de vins.

Le département de la MAYENNE, comme le précédent, renferme de précieuses richesses minérales et fournit beaucoup de grains. Son chef-lieu est *Laval*, dans une position pittoresque sur les deux rives de la Mayenne. Cette ville, fort ancienne, a une population de 27,000 habitants, qui s'occupe surtout de la fabrication des toiles.

Le Mans (36,000 h.), qu'arrose la Sarthe, est le centre d'un commerce de bestiaux et le chef-lieu du département de la SARTHE, pays fertile et agricole. — *La Flèche*, sur le Loir, a un collége militaire.

Questionnaire.

Parlez-nous du département de la Loire-Inférieure.
En quoi est remarquable le département de Maine-et-Loire?
Décrivez le département de la Mayenne.
Faites connaître les principales villes du département de la Sarthe.

---

13. — Creuse. — Vienne. — Haute-Vienne.

La Loire, avant d'arriver à Saumur, reçoit sur sa gauche une rivière appelée la *Vienne*, grossie de la *Creuse*.

Celle-ci naît dans un pays pauvre et peu fertile,

le département de la Creuse, dont le chef-lieu est *Guéret* (5,000 h.). — *Aubusson*, sous-préfecture, a des fabriques de tapis.

Les départements de la Vienne et de la Haute-Vienne, que traverse la rivière à laquelle ils doivent leur nom, offrent plus d'intérêt : ils se distinguent, le premier par ses productions agricoles, l'autre par son industrie.

Poitiers, où le roi Jean fut battu, en 1356, par le Prince Noir, est le chef-lieu du département de la Vienne. Cette ancienne capitale du Poitou a une école de droit, et une population de 31,000 habitants. — On estime la coutellerie de *Châtellerault.*

La Haute-Vienne a pour chef-lieu *Limoges,* ville de 53,000 habitants, ayant des manufactures importantes de porcelaine et de draps, des papeteries renommées, des imprimeries considérables, et de vastes ateliers de fer.

Questionnaire.

Quelle rivière la Loire reçoit-elle avant d'arriver à Saumur ?
Que savez-vous du département où la Creuse prend sa source ?
En quoi se distinguent les départements que traverse la Vienne ?
Nommez les principales villes du département de la Vienne.
Quel est le chef-lieu de la Haute-Vienne ?

---

14. — Indre. — Cher. — Indre-et-Loire. — Loir-et-Cher.

Le département de l'Indre tire son nom d'un des affluents de la Loire. Il renferme des étangs, des bois et de bons pâturages. *Châteauroux*

4.

(17,000 h.), son chef-lieu, sur l'Indre, fabrique des draps et de la bonneterie.

Une autre rivière, le *Cher*, nous dirige vers un pays où les mines de fer abondent : nous voulons parler du département du CHER. Le chef-lieu, *Bourges*, compte 30,000 habitants. C'est la patrie de Bourdaloue, célèbre prédicateur du XVIIe siècle.

Tours, sur la rive gauche du fleuve, est le chef-lieu du département d'INDRE-ET-LOIRE ; il a 42,000 habitants. On y fait des étoffes de soie et de la draperie. — La Touraine, ainsi appelait-on autrefois la contrée dans laquelle nous nous trouvons, a été surnommée le *Jardin de la France*, à cause de la beauté et de la fertilité de son sol.

Le département de LOIR-ET-CHER, situé au nord-est du précédent, a pour chef-lieu *Blois* (20,000 hab.), sur la Loire, célèbre par son château, auquel se rattachent beaucoup de souvenirs historiques. — Au midi du fleuve, les vastes plaines de la *Sologne*, qu'on s'efforce pourtant de rendre cultivables, forment un triste contraste avec la riche vallée de la Loire.

Questionnaire.

Que savez-vous du département de l'Indre ?
Dans quel département nous conduit le Cher ?
Qu'offre de remarquable le département d'Indre-et-Loire ?
Et le département de Loir-et-Cher ?

---

15. — **Loiret.** — **Allier.** — **Puy-de-Dôme.**

Le *Loiret*, qui s'étend surtout au nord de la Loire, tient rang parmi les départements agricoles et industriels de la France. Son chef-lieu est *Or-léans,* ville très-active, de 50,000 habitants, célèbre par le siége qu'elle soutint contre les Anglais en 1428, et que fit lever Jeanne d'Arc.

La Loire forme ici un arc de cercle. L'*Allier,* qu'elle reçoit sur sa gauche dans le Nivernais, nous mène au département de l'ALLIER, et ensuite à celui du PUY-DE-DÔME.

Le premier a une grande activité : il compte un nombre considérable d'ateliers de fer. *Moulins,* son chef-lieu (20,000 h.), possède des fabriques de coutellerie estimée; *Montluçon,* des verreries et des forges; *Commentry,* des mines de houille très-importantes; *Vichy,* un établissement d'eaux thermales.

Le département du Puy-de-Dôme est en partie couvert par les monts d'Auvergne, qui renferment un grand nombre de volcans éteints; il possède d'excellents pâturages, et présente les sites les plus sauvages et les plus pittoresques. Le chef-lieu, *Clermont-Ferrand* (38,000 h.), fait un commerce considérable de toiles. Il est situé sur une éminence à quelques lieues de l'Allier, qui arrose dans ce département une magnifique et fertile vallée, nommée la *Limagne.*

Questionnaire.

Parlez du département du Loiret.
Quelle direction le fleuve nous fait-il prendre ici?
Que présente de remarquable le département de l'Allier?
Faites connaître l'aspect et le chef-lieu du département du Puy-de-Dôme.

16. — Nièvre. — Loire. — Haute-Loire.

Revenons à la Loire. Après l'agriculture, c'est l'industrie métallurgique qui occupe le premier rang dans le département de la NIÈVRE. *Nevers*, son chef-lieu (21,000 h.), possède une fonderie importante, et des manufactures d'objets en émail. — *Pouilly*, qui récolte de bons vins, et *Cosne*, où existent des forges d'ancres pour la marine, sont ensuite les villes les plus remarquables.

Le département de la LOIRE, traversé du sud au nord par le fleuve auquel il doit son nom, est en partie couvert de montagnes. Il produit des vignes, un peu de céréales, et renferme de riches mines de fer et de houille. Son chef-lieu est *Saint-Étienne*, grande ville industrielle, ayant de nombreuses fabriques de rubans, une manufacture d'armes, et 97,000 habitants. Elle est située sur un torrent qui, dans son cours de 12 kilomètres, fait mouvoir plus de cent usines pour le fer et l'acier.

La Loire, qui sort du mont *Gerbier* (Ardèche), n'a plus qu'un département à nous faire connaître, la HAUTE-LOIRE, pays peu fertile, et sans importance sous le rapport industriel et commercial. *Le Puy*, chef-lieu (20,000 h.), se trouve environné de montagnes granitiques dont les crêtes révèlent des volcans éteints.

Questionnaire.

Que savez-vous du département de la Nièvre?
Décrivez le département de la Loire.
Dites quel département il nous reste à voir dans ce bassin.

ENTRE LA LOIRE ET LA GARONNE.

17. — Vendée.— Deux-Sèvres.— Charente-Inférieure. — Charente.

Le département de la VENDÉE, que baigne l'Atlantique, présente un sol assez fécond en vignes et en céréales ; mais il est dépourvu de grandes villes, ses bourgs sont peu peuplés, ses villages épars, et l'industrie y est dans l'enfance. Il a pour chef-lieu *La Roche-sur-Yon* (9,000 h.), que l'on appelait récemment *Napoléon-Vendée*. — A ce département, qui opposa une vive résistance à la Révolution, appartiennent l'île de *Noirmoutier*, rocher d'un accès difficile, et l'île d'*Yeu*, habitée par des pêcheurs.

Le département des DEUX-SÈVRES a beaucoup de ressemblance avec le précédent. La partie méridionale, toutefois, est moins arriérée et moins sauvage. On y trouve *Niort*, le chef-lieu (21,000 h.), sur le penchant de deux collines au pied desquelles coule la *Sèvre-Niortaise*.

La Rochelle (19,000 h.), port de mer et chef-lieu de la CHARENTE-INFÉRIEURE, est une ville fortifiée, mais bien déchue de l'importance qu'elle avait au xviie siècle, alors que les protestants en avaient fait leur place d'armes. — *Rochefort*, sur la *Charente*, est un de nos bons ports militaires. — Ce département est fertile en grains, en vins et en pâturages. Les cantons maritimes, puis les îles de *Ré* et d'*Oléron,* qui semblent être des débris de l'ancien rivage, sont bas, sablonneux, et couverts de marais salants.

La Charente nous conduit au département de son nom, pays de culture, où l'on fabrique des eaux-de-vie excellentes. La petite ville de *Cognac* a sous ce dernier rapport une réputation européenne. — *Angoulême* (25,000 h.), chef-lieu de la Charente, possède de belles papeteries.

Questionnaire.

Donnez quelques notions sur le département de la Vendée.
Parlez-nous du département des Deux-Sèvres.
Décrivez le département où se trouve la Rochelle.
Quel autre département la Charente nous fait-elle connaître?

BASSIN DE LA GARONNE.

---

18. — Dordogne. — Corrèze. — Cantal.

On donne au fleuve qui va nous faire pénétrer dans le midi de la France, le nom de *Gironde* depuis son embouchure jusqu'au point où il reçoit sur sa droite la *Dordogne ;* de là à sa source il s'appelle la *Garonne.*

Nous ne nous arrêterons pas, pour le moment, au département de la GIRONDE : ce sont les pays qui versent leurs eaux dans la Dordogne que nous visiterons d'abord. L'*Isle,* dont se grossit cette rivière, arrose *Périgueux,* ville de 20,000 habitants et chef-lieu de la DORDOGNE. Ce département, d'une moyenne fertilité, offre une assez grande variété de culture. — *Bergerac* donne des vins estimés; *Sarlat*, les meilleures truffes de France.

Au moyen de la *Vézère*, autre affluent de la Dordogne, nous entrons dans le département de la Corrèze, où le sol est généralement médiocre, les communications difficiles, et l'industrie peu avancée. *Tulle*, le chef-lieu (13,000 h.), fabrique des armes à feu.

Le département du Cantal, que couvrent les monts d'Auvergne, appartient aussi à ce bassin, à cause de la *Cère*, qui descend dans la Dordogne. La nature ne s'est pas montrée fort libérale envers ce pays, auquel l'émigration enlève chaque année un certain nombre d'habitants. *Aurillac*, le chef-lieu (11,000 h.), doit quelque activité à son commerce de chaudronnerie. Il vit naître le savant Gerbert, qui devint pape sous le nom de Sylvestre II.

Questionnaire.

Comment nomme-t-on le fleuve qui va nous faire pénétrer dans le midi de la France?
Décrivez le département de la Dordogne.
Que savez-vous du département de la Corrèze?
Le département du Cantal n'appartient-il pas à ce bassin?

---

19. — Gironde. — Lot. — Lozère. —Lot-et-Garonne.

Le département de la Gironde ne présente sur la côte que de vastes plaines de sable, tristes, sombres, uniformes, coupées par des marais et des bruyères; mais la partie orientale a de bons vignobles, qui font la richesse du pays : tout le monde connaît la réputation des vins de *Bordeaux*. Cette ville, chef-lieu du département, est située à la gauche de la Garonne, qu'on traverse sur un pont magnifique de près de 500 mètres de longueur. Son vaste port, sa population, de 163,000 habitants, son commerce avec toutes les parties du monde, en font une des plus intéressantes cités de l'Europe.

Le *Lot,* nouvel affluent de droite, nous appelle au département de son nom, pays montueux, ayant des arbres fruitiers et de bons vignobles. *Cahors* (14,000 hab.), chef-lieu du département du Lot, fait le commerce de vins.

Le département de la LOZÈRE, où le Lot prend naissance, doit son nom à l'une des montagnes des Cévennes. Il est peu fertile en grains, mais riche sous le rapport métallurgique : on y trouve d'abondantes mines de plomb, de fer et de cuivre. Son chef-lieu est *Mende*, petite ville de 6,000 âmes, très-agréablement située.

Le département de LOT-ET-GARONNE se distingue par ses produits en vin, chanvre, tabac. *Agen,* son chef-lieu, a des distilleries, des tanneries, des fabriques de toiles, et une population de 18,000 h.

Questionnaire.

Donnez quelques détails sur le département de la Gironde.
Faites connaître les principaux produits et le chef-lieu du département du Lot.
Parlez-nous du département de la Lozère.
Qu'offre de remarquable le département de Lot-et-Garonne ?

20. — Gers. — Aveyron. — Tarn. — Tarn-et-Garonne.

La Garonne, à peu de distance d'Agen, se grossit du *Gers*, qui descend des Pyrénées et arrose une des plus anciennes villes de France, *Auch* (13,000 hab.), chef-lieu du GERS. Ce département produit du blé, du vin, et fait un commerce considérable d'eaux-de-vie.

Le *Tarn*, affluent de droite du fleuve, est une forte rivière, baignant une plaine fertile, qu'elle ravage dans ses débordements. Au moyen de l'*Aveyron*, dont elle reçoit les eaux, nous pénétrons à *Rodez*. Cette ville, qui se compose de 12,000 habitants, est le chef-lieu du département de l'AVEYRON, remarquable par ses richesses minérales et son industrie métallurgique.

LE TARN-ET-GARONNE fournit du vin et beaucoup de céréales. Son chef-lieu est *Montauban* (26,000 hab.), une des principales places des calvinistes pendant les guerres de religion.

Le département du TARN donne à peu près les mêmes produits que le précédent, et présente une grande activité dans l'industrie manufacturière. *Albi*, le chef-lieu (17,000 hab.), et *Castres*, sous-préfecture, ont d'importantes fabriques de drap.

Questionnaire.

Dites quelques mots sur le département du Gers.
A quel chef-lieu nous conduit l'Aveyron, que reçoit le Tarn ?
Que savez-vous du Tarn-et-Garonne ?
Que présente de remarquable le département du Tarn ?

21. — **Haute-Garonne.** — **Ariége.**

Le département de la HAUTE-GARONNE, de forme très-irrégulière, ne s'arrête qu'à la chaîne des Pyrénées, d'où sort le fleuve qui lui a donné son nom. Il est à la fois agricole et industriel : on y cultive le blé, le chanvre, la vigne, l'oranger ; on y exploite des marbres ; on y prépare des cuirs ; on y fabrique des aciers fins et des tissus. Le chef-lieu, *Toulouse* (127,000 h.), sur la Garonne, est le centre du commerce que la France fait avec l'Espagne. Il a une fonderie de canons, un arsenal, une école d'artillerie, etc.

L'ARIÉGE, pays montagneux, qu'arrose la rivière du même nom, a pour chef-lieu *Foix* (7,000 hab.), célèbre par son vieux château. Céréales, cuivre, fer, houille, plomb, marbres, tels sont les produits qui distinguent ce département.

Les Pyrénées offrent un aspect imposant, par leur élévation, leur profondeur, et par l'enlacement très-confus de leurs bases, que couvrent de sombres forêts, tandis que sur leurs sommets règnent des neiges éternelles. Elles sont encore intéressantes par leurs richesses naturelles, leur beauté pittoresque, leur population intelligente et laborieuse, enfin par leurs souvenirs historiques.

Questionnaire.

Décrivez le département de la Haute-Garonne.
Que savez-vous du département de l'Ariége ?
Quel aspect offrent les Pyrénées ?

BASSIN DE L'ADOUR.

22. — **Basses-Pyrénées.** — **Landes.** — **Hautes-Pyrénées.**

Au fond du golfe de Gascogne se trouve l'embouchure de l'*Adour :* nous allons remonter cette rivière. *Bayonne,* place forte, à quatre kilomètres de la mer, est une sous-préfecture des Basses-Pyrénées. Ce département, que traverse le *Gave de Pau,* affluent de l'Adour, est en partie couvert de montagnes, de pâturages et de vignobles. Il renferme des sources salées, et des établissements d'eaux thermales. *Pau,* le chef-lieu (25,000 hab.), s'honore d'avoir vu naître Henri IV.

L'Adour nous conduit au département des Landes, pays pauvre, malsain, presque sans villes et sans routes, dans lequel existent des forêts de pins et des landes désertes, et qui a pour chef-lieu *Mont-de-Marsan* (6,000 hab.).

Le département des Hautes-Pyrénées donne du vin en grande quantité. Son sol, très-montagneux, est fécond en produits métallurgiques, et nulle part peut-être les eaux minérales ne sont plus abondantes. On cite celles de *Bagnères-de-Bigorre* et du petit bourg de *Baréges.* — Le chef-lieu est *Tarbes,* sur l'Adour (16,000 hab.).

Questionnaire.

Donnez quelques notions sur le département des Basses-Pyrénées.

Parlez du département des Landes.
Qu'offre de remarquable le département des Hautes-Pyrénées?

BASSIN DE LA MÉDITERRANÉE.

---

23. — Pyrénées-Orientales. — Aude. — Hérault. — Gard.

Avant d'entrer dans le bassin du Rhône, qui a son embouchure dans la Méditerranée, nous visiterons, pour ne rien omettre, les départements que baigne cette mer.

Celui des PYRÉNÉES-ORIENTALES produit des vins justement renommés, et renferme de gras pâturages. Son chef-lieu est *Perpignan* (25,000 h.), place de guerre très-importante, située sur le penchant d'un coteau, à la droite du *Tet*.

Le département de l'AUDE a des salines, de bons vignobles, et des plantations d'oliviers. *Carcassonne* (22,000 hab.), son chef-lieu, sur l'*Aude*, fabrique des draps. — On vante le miel de *Narbonne* et les vins blancs de *Limoux*.

Le département de l'HÉRAULT n'offre pas moins d'intérêt : on y cultive la vigne, le mûrier, l'olivier, des plantes aromatiques et médicinales ; on y fait des eaux-de-vie estimées ; on y exploite de beaux marbres blancs. *Montpellier*, le chef-lieu, se trouve dans un site admirable et délicieux : sa population est de 55,000 habitants. — *Béziers*, sur le canal du *Midi*, fait un grand commerce des productions du sol. — Dans les environs de *Cette*, port sur la Méditerranée, existent des marais salants d'un bon rapport.

Le département du Gard diffère peu de celui dont nous venons de parler. Il a pour chef-lieu *Nîmes*, entrepôt général des soies du midi, ayant 60,000 habitants et de nombreuses antiquités romaines. — La petite ville de *Beaucaire* est célèbre par sa foire annuelle, où se rendent des négociants de toutes les parties du monde.

Questionnaire.

Quels départements devons-nous visiter avant d'entrer dans le bassin du Rhône?

Que savez-vous du département des Pyrénées-Orientales?

En quoi est remarquable le département de l'Aude?

Le département de l'Hérault?

Le département du Gard?

---

24. — Bouches-du-Rhône.— Var. — Alpes-Maritimes. — Corse.

Marseille (300,000 hab.), la plus ancienne ville de la Gaule, le port le plus actif de toute la France pour les opérations commerciales, est le chef-lieu du département des Bouches-du-Rhône, où croissent la vigne, l'oranger, le figuier, et d'autres arbres à fruits délicieux. — *Aix* jouit d'une grande renommée pour ses huiles d'olives et ses eaux minérales. — *Arles*, aujourd'hui déchue, sur la rive gauche du Rhône, renferme plusieurs monuments anciens.

Le département du Var a un sol généralement

sec et pierreux, qui ne doit sa fertilité qu'à l'industrie des habitants. *Toulon*, beau port militaire, a une importance qui depuis la conquête d'Alger s'accroît tous les jours. — Le chef-lieu est *Draguignan* (10,000 h.), situé dans un bon vignoble. — La petite ville d'*Hyères*, en face de laquelle se trouvent les îles du même nom, a vu naître Massillon, illustre prédicateur du siècle dernier.

Nice (50,000 hab.), autrefois capitale du comté de ce nom et aujourd'hui chef-lieu du département des ALPES-MARITIMES, est assise dans un lieu délicieux, sur la Méditerranée. Son climat est un des plus doux qui soient en Europe; son sol, un des plus fertiles : le citronnier et l'oranger y abondent. — *Grasse*, sous-préfecture, fait un commerce considérable de parfums, de fruits et d'huile d'olives.

Nous ne terminerons pas cette excursion au midi de la France sans visiter le département de la CORSE, dans la Méditerranée. Une vaste chaîne de montagnes aux flancs garnis de forêts; des vallées étroites, profondes et sombres; des cours d'eau qui ne sont que des torrents; de petites plaines fertiles en céréales; un sol fécond en marbres et en mines de fer; des habitations perchées sur le sommet de collines couvertes d'oliviers, tel est l'aspect que présente cette île, qui nous appartient depuis un siècle. *Ajaccio*, le chef-lieu, ville de 15,000 h., avec un bon port, a donné naissance à Napoléon Ier.

Questionnaire.

Faites connaître les principales villes du département des Bouches-du-Rhône.

Que savez-vous du département du Var ?

Quelles sont les villes les plus remarquables du département des Alpes-Maritimes ?

Décrivez le département de la Corse.

BASSIN DU RHONE.

---

25. — Basses-Alpes. — Hautes-Alpes. — Vaucluse.

La *Durance*, affluent de gauche du Rhône, nous fait connaître le département des BASSES-ALPES et celui des HAUTES-ALPES, pays montagneux, où l'agriculture et l'industrie n'ont qu'un faible développement. Le premier a pour chef-lieu *Digne*, petite ville de 7,000 habitants; le second, *Gap*, qui en compte 8,000.

Le département de VAUCLUSE, borné au sud par la Durance et à l'ouest par le Rhône, doit son nom à l'une des plus belles fontaines que l'on connaisse en Europe. Il offre des plaines, des marais, des coteaux, des montagnes ; il produit la vigne, la garance, le safran, les plantes aromatiques, le mûrier et l'olivier. *Avignon*, son chef-lieu, d'une population de 36,000 habitants, fut la résidence des papes de 1308 à 1377. On y fabrique beaucoup d'étoffes de soie.

Questionnaire.

Quels départements nous fait connaître la Durance?

Donnez quelques détails sur le département de Vaucluse.

26. — **Ardèche.** — **Drôme.** — **Isère.** — **Savoie.**

Le département de l'ARDÈCHE, situé à l'ouest du Rhône, produit l'olivier, la vigne, quelques céréales, et renferme des pâturages excellents. Son sol présente un grand nombre de curiosités : nous citerons le rocher que l'*Ardèche* a creusé, et qui forme au-dessus de cette rivière une arcade naturelle, appelée le *pont-d'Arc.* Le chef-lieu, *Privas,* n'a que 7,000 habitants. — *Tournon* est surtout remarquable par son commerce de vins; *Annonay*, par ses papeteries.

En face se développe le département de la *Drôme*, pays peu fertile, où l'on élève des vers à soie. *Valence* (20,000 h.), sur le Rhône, en est le chef-lieu.

Le département de l'ISÈRE, que traverse la rivière de ce nom, se distingue principalement par le commerce de la soie et l'exploitation du fer. Son chef-lieu, *Grenoble*, sur l'Isère, est une place forte, de 40,000 habitants. Dans ses environs, au milieu de montagnes extrêmement pittoresques, se trouve le célèbre monastère de la *Grande-Chartreuse.*

En continuant à remonter l'Isère, nous pénétrons dans le département de la *Savoie*, où la surface du sol est généralement pauvre, mais l'intérieur fécond en mines de plomb, en carrières d'ardoise et en salines. La probité des habitants de cette contrée est célèbre, ainsi que leur amour pour le pays. Chef-lieu, *Chambéry* (18,000 hab.), capitale de l'ancien duché de Savoie.

Questionnaire.

Que présente de remarquable le département de l'Ardèche ?
Parlez du département de la Drôme.
En quoi se distingue le département de l'Isère?
Dites quelques mots sur le département de la Savoie.

---

27. — Rhône. — Haute-Savoie.

Le département du Rhône produit du vin et renferme des richesses minérales. Il a pour chef-lieu *Lyon*, au confluent de la *Saône* et du Rhône.

Cette ville magnifique, de 325,000 habitants, est la seconde de la France par son commerce, son industrie et sa population. Elle jouit d'une grande renommée pour ses soieries, les plus belles de l'Europe, et dont le travail occupe un nombre considérable d'ateliers. — Dans les environs de *Ville-franche,* seule sous-préfecture de ce département, on remarque *Tarare,* qui a d'importantes fabriques de mousselines, et *Chessy,* où se trouvent de riches mines de cuivre.

Le Rhône, en sortant de Lyon, tourne brusquement à angle droit dans la direction de la Saône, et coule, comme nous l'avons vu, du nord au sud jusqu'à la fin de son cours. Il est large, impétueux, terrible, serré sur sa droite par les Cévennes, et sur sa gauche par les rameaux détachés des Alpes. Il borne au nord, dans son cours supérieur, la HAUTE-SAVOIE.

Nous pourrions répéter pour ce département ce que nous avons dit de celui de la Savoie. Il a pour chef-lieu *Annecy* (12,000 h.), sur le lac de même nom. — Le *Mont-Blanc*, dans la chaîne qui borde cette partie de la France, est la montagne la plus élevée de l'Europe : sa hauteur atteint près de 4,800 mètres.

Questionnaire.

Décrivez le département du Rhône.
Quelle observation avez-vous à faire touchant la direction que prend ici le Rhône?
Parlez de la Haute-Savoie.

---

28. — Saône-et-Loire. — Ain. — Jura.

Le département de SAÔNE-ET-LOIRE, ainsi nommé à cause des deux rivières qui le baignent, a des vignobles estimés, donne beaucoup de grains, et possède un grand nombre d'établissements métallurgiques. Son chef-lieu est *Mâcon* (18,000 h.), qui fournit des vins renommés. — *Châlon*, à la jonction du canal du *Centre* et de la Saône, est l'entrepôt d'un commerce très-actif. — Nous citerons encore *Autun*, où l'on voit plusieurs antiquités romaines, et le *Creusot*, qui a de riches mines de houille, des fonderies et des forges.

Un peu au-dessus de Mâcon, la Saône reçoit sur sa gauche une petite rivière qui arrose le chef-lieu du département de l'AIN, *Bourg*, dont la population est de 14,000 habitants. Cette ville se livre au commerce de grains, de vins, de volailles et de bestiaux, produits de la contrée. — On trouve à *Belley*, sous-préfecture, de belles pierres à lithographier.

Plus haut, existe un autre petit cours d'eau qui passe à *Lons-le-Saulnier* (10,000 h.), chef-lieu du JURA. Ce département tire son nom de la chaîne de montagnes qui le borde à l'est. Il a des salines importantes, des usines pour le travail du fer, et des fabriques d'horlogerie. — La petite ville de *Saint-Claude* fait, à l'aide du tour, de jolis ouvrages en corne, en bois et en ivoire.

Questionnaire.

Dites ce que vous savez du département de Saône-et-Loire.

Faites connaître les villes les plus remarquables du département de l'Ain.

Qu'offre d'intéressant le département du Jura?

29.—Doubs.—Côte-d'Or.—Haute-Saône.—Haut-Rhin.

Un nouvel affluent de gauche, le *Doubs*, nous fait pénétrer dans le département de son nom où l'on s'occupe beaucoup de l'horlogerie et du travail des métaux. *Besançon*, chef-lieu du Doubs, est une place forte de premier ordre, avec citadelle bâtie sur un rocher; elle a 47,000 habitants, et fait un commerce considérable des produits du pays.

Le département de la CÔTE-D'OR, dont la partie occidentale appartient au bassin de la Seine, est ainsi appelé à cause de la chaîne de collines qui le traverse du nord-est au sud-ouest, et qui renferme les vignobles les plus riches de la Bourgogne. Le chef-lieu, *Dijon* (40,000 h.), est une jolie ville, qui s'est toujours distinguée par son goût pour les lettres et les sciences. Elle vit naître Bossuet. — *Beaune,* sous-préfecture, et *Nuits*, dans le même arrondissement, jouissent d'une grande renommée pour leurs vins.

La Saône, qui descend du plateau de *Langres,* nous fait connaître le département de la HAUTE-SAÔNE, où l'industrie métallurgique forme la principale occupation des habitants. *Gray,* sous-préfecture, est le centre de toute l'activité du pays. — Le chef-lieu, *Vesoul* (8,000 h.), a perdu de son ancienne importance.

Nous rattachons à ce bassin le département actuel du HAUT-RHIN, formé seulement du territoire de *Belfort* et de quelques cantons conservés de l'ancien département du même nom, dont toute la partie située dans le bassin du Rhin a été conquise par l'Allemagne, dans la dernière guerre. Belfort (8,000 h.), précédemment sous-préfecture, a été désigné pour être le chef-lieu. C'est une place très-forte, qui s'est rendue célèbre dans le siége qu'elle a soutenu contre les Allemands en 1871.

Questionnaire.

Parlez du département du Doubs.
Décrivez le département de la Côte-d'Or.
Quel autre département nous fait connaître la Saône?
Ne doit-on pas rattacher à ce bassin, la partie qui nous est restée de l'Alsace?

BASSIN DU NORD.

30. — Somme. — Pas-de-Calais.

Nous réunissons sous un même titre les bassins ou portions de bassins de quatre cours d'eau; savoir : la *Somme,* l'*Escaut,* la *Meuse,* et la *Moselle,* affluent du Rhin. Le premier seul a son embouchure en France; les autres envoient leurs eaux dans la mer du Nord, bien au delà de nos frontières, que de ce côté la politique seule a fixées.

Revenons donc à notre point de départ, pour nous diriger vers la Belgique et l'Allemagne. Le département de la Somme est un pays très-fertile et parfaitement cultivé, produisant beaucoup de céréales, des fruits à cidre, des graines oléagineuses, des betteraves à sucre. *Amiens,* sur la Somme, est le chef-lieu du département. Cette belle ville, une des plus manufacturières de France, compte 64,000 habitants. — *Péronne,* sous-préfecture, a un château célèbre dans l'histoire par la détention de Charles le Simple et de Louis XI.

Le département du Pas-de-Calais, qu'arrosent la *Scarpe* et la *Lys,* affluents de l'Escaut, est également fertile; il donne en général les mêmes produits que celui dont nous venons de parler. Le commerce y est actif, et l'industrie variée; celle-ci a principalement pour objet la fabrication du sucre, de l'huile, de la bière, de la toile et de la dentelle. Le chef-lieu est *Arras,* place forte, de 26,000 habitants, et patrie de Robespierre, cet homme dont le nom restera comme le symbole des excès où les révolutions poussent les peuples. — *Boulogne*, port sur le détroit, fait un bon commerce d'exportation; c'est le lieu de passage ordinaire de France en Angleterre. — *Calais* est célèbre dans notre histoire : pris par les Anglais en 1347, il fut repris par le duc de Guise en 1558.

Questionnaire.

Que comprenez-vous sous le titre : *Bassin du Nord?*
Décrivez le département de la Somme.
Donnez quelques notions sur le département du Pas-de-Calais.

31. — Nord.

Le département du Nord, qui appartient en grande partie au bassin de l'Escaut, prend son nom de sa position septentrionale à l'égard des autres départements. Il est le plus peuplé après celui de la Seine. Sous le rapport de l'agriculture, du commerce et de l'industrie, il mérite aussi d'être placé au rang de nos contrées les plus intéressantes. Il produit toutes les céréales cultivées en France, le lin, le colza, l'œillette, le houblon, le tabac, et les légumes de toute espèce; il renferme d'excellents pâturages et de magnifiques mines de houille; il a des fabriques de tous genres; des ports lui ouvrent des débouchés dans toutes les directions; rien, en un mot, ne manque à la prospérité de ce pays.

Il a pour chef-lieu *Lille*, place forte, de 155,000 âmes. On voit dans cette ville un grand nombre de filatures, des distilleries, des brasseries, des fabriques de sucre indigène, des moulins à huile, etc.

Les autres lieux remarquables sont : *Dunkerque*, port militaire et commerçant ; — *Douai*, célèbre par sa fonderie de canons et son école d'artillerie ; — *Cambrai*, qui s'occupe beaucoup de la fabrication des toiles, et dont le siége archiépiscopal a été illustré par Fénelon ; — *Valenciennes*, renommée pour ses dentelles ; — *Tourcoing* et *Roubaix*, qui ont de nombreuses fabriques de toutes sortes de tissus.

Questionnaire.

Que présente d'intéressant le département du Nord ?
Faites connaître son chef-lieu.
Quels sont les autres lieux remarquables ?

32. — Ardennes. — Meuse.

Le département des Ardennes, où nous conduit la Meuse, est très-accidenté dans la partie du nord : cette région renferme des bois épais, portion de l'immense forêt qui a donné son nom au pays. On s'occupe avec succès, dans les Ardennes, du travail du fer, de l'exploitation de l'ardoise, et de bons pâturages permettent d'y élever des moutons et des chevaux estimés. — *Mézières* (6,000 h.), sur la Meuse, petite ville bien fortifiée, est le chef-lieu du département. En face, sur la rive opposée du fleuve, se trouve *Charleville*, qui a des manufactures d'armes à feu. — *Sedan*, place forte, fameuse par notre affreuse défaite de 1870, est la patrie de Turenne ; on y fabrique des draps de toute beauté. — Les arrondissements de *Rethel* et de *Vouziers* appartiennent, par l'Aisne, qui les arrose, au bassin de la Seine.

Le département de la MEUSE produit beaucoup de fer ; il fabrique des toiles, et fait un assez bon commerce de vins. Son chef-lieu est *Bar-le-Duc* (15,000 h.), situé sur un petit affluent de la Marne. Cette ville est renommée pour ses confitures, comme *Verdun* pour ses dragées et ses liqueurs.

Questionnaire.

Donnez-nous quelques détails sur le département des Ardennes. Que savez-vous du département de la Meuse ?

33. — Meurthe-et-Moselle. — Vosges.

La *Moselle,* un des affluents du Rhin, nous fait connaître d'abord le département industriel et fertile de *Meurthe-et-Moselle*, formé des débris des deux départements auxquels il doit son nouveau nom.

Une faible partie du département de la Moselle nous est restée ; c'est l'arrondissement de *Briey*, situé au nord-ouest. Si nous pénétrons dans la région conservée du département de la Meurthe, nous trouvons *Nancy,* le chef-lieu, très-jolie ville de 50,000 âmes, puis deux sous-préfectures : *Lunéville*, dotée de belles fabriques de faïence, et *Toul,* qui a soutenu vaillamment un siége en 1870.

Le département des VOSGES, riche en pâturages et en sites pittoresques, tire son nom de la chaîne de montagnes qui le borde à l'est et au sud. Il a des forges, des ateliers nombreux de coutellerie, et des papeteries renommées. Son chef-lieu est *Épinal*

(12,000 h.). — La fabrication des instruments de musique occupe à *Mirecourt* un nombre considérable d'ouvriers. — *Plombières* est célèbre par ses eaux minérales. — Quelques fragments de la partie nord-est de l'arrondissement de *Saint-Dié* ont été cédés à l'Allemagne.

Questionnaire.

Quel département la Moselle nous fait-elle d'abord connaître?
Qu'offre de remarquable le département de Meurthe-et-Moselle?
Le département des Vosges?

APPENDICE.

---

34. — Départements annexés à l'Allemagne.

Avant de terminer cette description de la France, nous dirons quelques mots du pays qu'habitent nos infortunés compatriotes d'Alsace et de Lorraine : provinces toutes françaises au fond, auxquelles des malheurs inouïs ont imposé un autre drapeau, mais qui nous sont toujours attachés par le cœur.

Ancien département de la MOSELLE : nous trouvons dans la partie orientale, cédée à nos voisins d'outre-Rhin, *Metz*, le chef-lieu, sur la Moselle. Cette ville forte, qui fut vaillamment défendue en 1552 par le duc de Guise contre Charles-Quint, a un arsenal, une poudrerie, une école d'application de l'artillerie et du génie. Elle comptait 55,000 habitants, avant le siége funeste qu'elle soutint contre les Prussiens en 1870, et après lequel elle est tombée en leur pouvoir. — L'arrondissement de *Thionville* renferme des forges magnifiques; *Sarreguemines,* d'importantes fabriques de faïence.

Dans la partie annexée du département de la MEURTHE (le nord-est), se trouvent *Château-Salins* et *Dieuze,* dont les salines sont des plus abondantes et des plus pures.

Le Rhin a donné son nom à deux départements, le BAS-RHIN et le HAUT-RHIN, qu'arrose l'*Ill.* Ces pays sont dans un état très-florissant au triple point de vue de l'agriculture, du commerce et de l'industrie. On y cultive le blé, la vigne, le tabac, la garance, le lin et le chanvre; on y élève de belles races de bestiaux; on y exploite le fer et la houille.

Le chef-lieu du département du Bas-Rhin, *Strasbourg*, est une ville forte, qui avait 85,000 âmes, avant le siége terrible et le bombardement qu'elle a soufferts en 1870, et à la suite desquels elle a été forcée de se rendre aux Allemands. Elle a un arsenal, une fonderie de canons et une école d'artillerie. On y fabrique des draps, des toiles, de la coutellerie, de la bijouterie d'acier, etc. Le clocher de sa magnifique cathédrale est le monument le plus élevé de l'Europe, et l'horloge, un chef-d'œuvre de mécanique.

Le Haut-Rhin avait pour chef-lieu *Colmar,* dont la population atteint 24,000 habitants. — *Mulhouse,* beaucoup plus importante sous le rapport de la population, est une grande ville industrielle et le véritable centre d'activité de tout le pays.

Questionnaire.

Ne devons-nous pas dire deux mots de nos provinces annexées ?

Parlez de l'ancien département de la Moselle.

Que savez-vous de la partie annexée du département de la
Meurthe ?

Que présentent de remarquable les départements auxquels le
Rhin a donné son nom ?

Faites connaître le chef-lieu du département du Bas-Rhin.

Quelles sont les principales villes du département du Haut-
Rhin ?

RÉSUMÉ.

35. — Versants. — Canaux.

Tous les bassins que nous venons de décrire se
réduisent à deux versants principaux : l'un, large
au nord, étroit au sud, et présentant de vastes
plaines, envoie ses eaux dans l'Océan, la Manche
et la mer du Nord ; l'autre, beaucoup moins considérable, étroit au nord, large au sud et tout montagneux, jette les siennes dans la Méditerranée.

La ligne de partage des eaux se dirige très-tor-
tueusement du sud-ouest au nord-est. Partant
des Pyrénées, elle comprend d'abord les *Corbières*
et la masse déchirée des *Cévennes*, s'abaisse dans
les monts du *Lyonnais*, du *Charolais* et de la *Côte-
d'Or*, tourne à l'est dans les plateaux de *Langres*
et des *Faucilles*, puis se relève du nord-est au
sud-ouest par la muraille du *Jura*.

Les bassins, que la nature a séparés les uns des
autres par des hauteurs plus ou moins considé-

rables, ont été, par la volonté de l'homme, réunis au moyen de canaux. Nous citerons : le canal de *Saint-Quentin*, qui joint la Somme à l'Oise et à l'Escaut ; — le canal de la *Sambre* (1) *à l'Oise ;* — le canal des *Ardennes*, qui unit l'Aisne à la Meuse ; — le canal de la *Marne au Rhin ;* — les canaux du *Loing*, de *Briare* et d'*Orléans*, joignant la Seine à la Loire ; — le canal de *Bourgogne*, de l'Yonne à la Saône ; — le canal du *Centre*, qui lie la Loire à la Saône ; — le canal du *Rhône au Rhin ;* — le canal de *Languedoc* ou du *Midi*, le plus beau de tous, qui joint la Garonne à la Méditerranée, et fait ainsi communiquer cette mer avec l'océan Atlantique.

Plusieurs autres canaux, tels que le canal *latéral à la Loire*, le canal de la *Somme*, etc., ont été construits à côté de certaines rivières dont la navigation présenterait sans eux trop de difficultés.

Questionnaire.

Combien pouvons-nous compter de versants ?
Indiquez la ligne de partage des eaux.
Quels sont les principaux canaux de France ?
Ne connaissez-vous pas d'autres genres de canaux ?

36. — Chemins de fer.

La construction des chemins de fer a été poursuivie en France, depuis un quart de siècle, avec un tel esprit d'ensemble et une telle force de volonté, qu'aujourd'hui un vaste réseau de voies

---

(1) La Sambre est un affluent de la Meuse.

ferrées aboutit à tous nos grands ports de mer, et se relie aux chemins de fer belges, allemands, suisses, italiens et espagnols.

Il se divise ainsi :

1° Lignes de l'*Ouest*, partant de Paris, et dont les principales se dirigent sur le Havre, Cherbourg et Brest;

2° Lignes de Paris à *Orléans*, se prolongeant d'Orléans à Tours, de Tours à Saint-Nazaire et à Bordeaux; d'Orléans à Vierzon (Cher), de Vierzon à Nevers et à Périgueux;

3° Lignes de Paris à *Lyon* par la Bourgogne et le Bourbonnais, et de Lyon à la Méditerranée;

4° Lignes de l'*Est*, se dirigeant de Paris à Strasbourg et à Mulhouse, et de Weissembourg à Bâle;

5° Lignes du *Nord*, allant de Paris à Amiens, d'Amiens à Boulogne, de Creil (Oise) et d'Amiens à la frontière belge;

6° Lignes du *Midi*, partant de Bordeaux, et se dirigeant d'un côté sur Bayonne, d'un autre sur Cette.

A ces lignes principales se rattachent d'autres chemins et de nombreux embranchements. Nous n'essaierons de décrire ni les uns ni les autres : il nous suffit de dire que presque tous nos départements jouissent de ce genre de communication.

On a placé le long de la plupart des voies ferrées, des lignes électriques établissant entre tous les points du parcours la télégraphie la plus rapide.

Questionnaire.

Quelle est l'importance de notre réseau de chemins de fer?
Comment se divise-t-il?
D'autres chemins ne se rattachent-ils pas à ces lignes principales?
Qu'a-t-on placé le long de la plupart des voies ferrées?

---

37. — Considérations générales.

La France, avoisinée par deux mers, bordée par de hautes montagnes, traversée par de grands fleuves, présente une température très-variée, mais qui est généralement la plus modérée de l'Europe.

Les productions du sol sont diverses et abondantes : non-seulement elles suffisent aux besoins du pays, mais elles sont encore l'objet d'une exportation considérable.

L'industrie française, en pleine voie de prospérité, embrasse tous les genres de travaux auxquels l'homme applique son intelligence; et pour l'activité commerciale, la nation n'a de rivale dans le monde que l'Angleterre.

Agricole et militaire, artiste et savante, sociale et civilisée, puissance colonisante en Asie, en Afrique, en Amérique et dans l'Océanie, la France était comme le centre de la vie et du mouvement des autres peuples, lorsque de fatals événements sont venus récemment arrêter l'essor de sa fortune : envahie par des forces immenses, elle a vu ses armées battues et faites prisonnières tour à tour, sa capitale assiégée et forcée de se rendre, un tiers

de ses départements occupé, enfin l'ennemi lui en-
lever une portion de son territoire et lui dicter des
obligations désastreuses.

Toutefois, il convient à la France éprouvée de ne
pas désespérer de son avenir, mais de s'acheminer,
à la lumière de ses mécomptes, vers cet idéal de
justice et de paix sociale qu'ont créé pour elle le
Christianisme et la grande Révolution.

Questionnaire.

Quelle température présente la France?
Parlez des productions du sol.
Résumez l'état de l'industrie et du commerce.
Que savez-vous de la situation actuelle, résultant de la guerre
de 1870-71?
Doit-on désespérer de l'avenir de la France?

Tableau alphabétique des 87 départements.

Signes conventionnels : † évêché; — ‡ archevêché; — ⚖ cour d'appel; — ❀ chef-lieu d'Académie; — ¶ chef-lieu de division militaire.

DÉPARTEMENTS.	CHEFS-LIEUX.	SOUS-PRÉFECTURES (1).
AIN	BOURG	Belley † (2), Nantua, Trévoux, Gex.
AISNE	LAON	Saint-Quentin, Soissons †, Château-Thierry, Vervins.
ALLIER	MOULINS †	Montluçon, Gannat, la Palisse.
ALPES (BASSES-)	DIGNE †	Sisteron, Forcalquier, Barcelonnette, Castellane.
ALPES (HAUTES-)	GAP †	Briançon, Embrun.
ALPES-MARITIMES	NICE †	Grasse, Puget-Théniers.
ARDÈCHE	PRIVAS (3)	Tournon, Largentière.
ARDENNES (4)	MÉZIÈRES	Sedan, Rethel, Rocroi, Vouziers.
ARIÈGE	FOIX	Pamiers †, Saint-Girons.
AUBE	TROYES †	Bar-sur-Aube, Nogent-sur-Seine, Arcis-sur-Aube, Bar-sur-Seine.
AUDE	CARCASSONNE †	Narbonne, Castelnaudary, Limoux.
AVEYRON	RODEZ †	Millau, Villefranche, Saint-Affrique, Espalion.
BOUCHES-DU-RHONE	MARSEILLE † (5) ¶	Aix ‡ ⚖ ❀, Arles.

CALVADOS	CAEN ⚖ 🏵	Lisieux, Bayeux †, Falaise, Vire, Pont-l'Évêque.
CANTAL	AURILLAC	Saint-Flour †, Mauriac, Murat.
CHARENTE	ANGOULÊME †	Cognac, Barbezieux, Ruffec, Confolens
CHARENTE-INFÉRIEURE	LA ROCHELLE †	Rochefort, Saintes, Saint-Jean-d'Angely, Marennes, Jonzac.
CHER	BOURGES † ⚖ ♀	Saint-Amand, Sancerre.
CORRÈZE	TULLE †	Brive, Ussel.
CORSE	AJACCIO †	Bastia ⚖ ♀, Corte, Sartène, Calvi.
COTE-D'OR	DIJON † ⚖ 🏵	Beaune, Chatillon-sur-Seine, Semur.
COTES-DU-NORD	SAINT-BRIEUC †	Dinan, Guingamp, Lannion, Loudéac.
QREUSE (6)	GUÉRET	Aubusson, Bourganeuf, Boussac.
DORDOGNE	PÉRIGUEUX †	Bergerac, Sarlat, Nontron, Ribérac.
DOUBS	BESANÇON † ⚖ 🏵 ♀	Montbéliard, Pontarlier, Baume-les-Dames.
DROME	VALENCE †	Montélimart, Die, Nyons.

(1) Les sous-préfectures sont classées d'après l'importance de leur population.

(2) En général, chaque diocèse comprend tout le département dans lequel est situé le siége de l'archevêché ou de l'évêché. Nous ferons connaître les exceptions.

(3) Dans cet arrondissement, *Viviers* †, ch.-l. de canton.

(4) Tout le département des Ardennes appartient au diocèse de Reims.

(5) Le diocèse de Marseille ne comprend que l'arrondissement de ce nom.

(6) Fait partie du diocèse de Limoges.

DÉPARTEMENTS.	CHEFS-LIEUX.	SOUS-PRÉFECTURES.
EURE	ÉVREUX †	Louviers, Bernay, Pont-Audemer, les Andelys.
EURE-ET-LOIR	CHARTRES †	Nogent-le-Rotrou, Dreux, Châteaudun
FINISTÈRE	QUIMPER †	Brest, Morlaix, Quimperlé, Châteaulin
GARD	NIMES †	Alais, Uzès, le Vigan.
GARONNE (HAUTE-)	TOULOUSE †	Saint-Gaudens, Muret, Villefranche.
GERS	AUCH †	Condom, Lectoure, Mirande, Lombez
GIRONDE	BORDEAUX †	Libourne, Blaye, Bazas, la Réole, Lesparre.
HÉRAULT	MONTPELLIER †	Béziers, Lodève, Saint-Pons.
ILLE-ET-VILAINE	RENNES †	Saint-Malo, Fougères, Vitré, Redon, Montfort.
INDRE (1)	CHATEAUROUX	Issoudun, le Blanc, la Châtre.
INDRE-ET-LOIRE	TOURS † ♀	Chinon, Loches.
ISÈRE	GRENOBLE †	Vienne, St-Marcellin, la Tour-du-Pin.
JURA	LONS-LE-SAULNIER	Dôle, Saint-Claude †, Poligny.
LANDES	MONT-DE-MARSAN	Dax, Saint-Sever (2).
LOIR-ET-CHER	BLOIS †	Vendôme, Romorantin.
LOIRE (3)	SAINT-ÉTIENNE	Roanne, Montbrison.
LOIRE (HAUTE-)	LE PUY †	Yssengeaux, Brioude.
LOIRE-INFÉRIEURE	NANTES † ♀	Châteaubriant, Ancenis, Paimbœuf, Savenay.

Département	Diocèse	Sous-préfectures
LOIRET	ORLÉANS † ⚖	Montargis, Gien, Pithiviers.
LOT	CAHORS †	Figeac, Gourdon.
LOT-ET-GARONNE	AGEN † ⚖	Villeneuve-d'Agen, Marmande, Nérac
LOZÈRE	MENDE †	Marvejols, Florac.
MAINE-ET-LOIRE	ANGERS † ⚖	Saumur, Cholet, Baugé, Segré.
MANCHE	SAINT-LÔ	Cherbourg, Avranches, Coutances †, Valognes, Mortain.
MARNE	CHALONS † (4) ¶	Reims ⚊, Épernay, Vitry-le-François, Sainte-Menehould.
MARNE (HAUTE-)	CHAUMONT	Langres †, Vassy.
MAYENNE	LAVAL †	Mayenne, Château-Gontier.
MEURTHE-ET-MOSELLE	NANCY † ⚖	Lunéville, Toul, Briey.
MEUSE	BAR-LE-DUC	Verdun †, Commercy, Montmédy.
MORBIHAN	VANNES †	Lorient, Pontivy, Ploërmel.
NIÈVRE	NEVERS †	Cosne, Clamecy, Château-Chinon.
NORD	LILLE ¶	Dunkerque, Valenciennes, Douai ⚖, Cambrai ⚊, Hazebrouck, Avesnes.

(1) Compris dans le diocèse de Bourges.
(2) Dans cet arrondissement, *Aire* †, ch.-l. de canton.
(3) Dépend du diocèse de Lyon.
(4) Le diocèse de Châlons comprend tout le département, à l'exception de l'arr. de Reims.

DÉPARTEMENTS.	CHEFS-LIEUX.	SOUS-PRÉFECTURES.
OISE	BEAUVAIS †	Compiègne, Senlis, Clermont.
ORNE	ALENÇON (1)	Argentan, Mortagne, Domfront.
PAS-DE-CALAIS	ARRAS †	Boulogne, Saint-Omer, Béthune, Montreuil, Saint-Pol.
PUY-DE-DOME	CLERMONT-FERRAND † ⚖	Thiers, Riom ⚖, Ambert, Issoire.
PYRÉNÉES (BASSES-)	PAU ⚖	Bayonne†⚖, Oloron, Orthez, Mauléon
PYRÉNÉES (HAUTES-)	TARBES †	Bagnères-de-Bigorre, Argelès.
PYRÉNÉES-ORIENTALES	PERPIGNAN † ⚖	Céret, Prades.
RHIN (HAUT-) (2)	BELFORT	»
RHONE	LYON † ⚖	Villefranche.
SAONE (HAUTE-) (3)	VESOUL	Gray, Lure.
SAONE-ET-LOIRE	MACON	Châlon-sur-Saône, Autun†, Louhans, Charolles.
SARTHE	LE MANS †	La Flèche, Mamers, Saint-Calais.
SAVOIE	CHAMBÉRY † ⚖	Albertville, Saint-Jean-de-Maurienne †, Montiers †.
SAVOIE (HAUTE-)	ANNECY †	Thonon, Bonneville, Saint-Julien.
SEINE	PARIS † ⚖	Saint-Denis, Sceaux.
SEINE-INFÉRIEURE	ROUEN † ⚖	Le Havre, Dieppe, Yvetot, Neufchâtel.
SEINE-ET-MARNE	MELUN	Fontainebleau, Meaux †, Provins, Coulommiers.

SEINE-ET-OISE	VERSAILLES †	Étampes, Pontoise, Corbeil, Rambouillet, Mantes.
SÈVRES (DEUX-) (4)	NIORT	Parthenay, Bressuire, Melle.
SOMME	AMIENS †	Abbeville, Doullens, Péronne, Montdidier.
TARN	ALBI †	Castres, Gaillac, Lavaur.
TARN-ET-GARONNE	MONTAUBAN †	Moissac, Castel-Sarrazin.
VAR	DRAGUIGNAN (5)	Toulon, Brignoles.
VAUCLUSE	AVIGNON †	Carpentras, Orange, Apt.
VENDÉE	LA ROCHE-SUR-YON	Fontenay-le-Comte (6), les Sables-d'Olonne.
VIENNE	POITIERS †	Châtellerault, Montmorillon, Loudun, Civray.
VIENNE (HAUTE-)	LIMOGES †	Saint-Yrieix, Rochechouart, Bellac.
VOSGES	ÉPINAL	Saint-Dié †, Remiremont, Mirecourt, Neufchâteau.
YONNE	AUXERRE	Sens †, Joigny, Avallon, Tonnerre.

(1) Dans cet arrondissement, *Séez* †, ch.-l. de canton.
(2) Appartient au diocèse de Strasbourg.
(3) Dépend du diocèse de Besançon.
(4) Fait partie du diocèse de Poitiers.
(5) Dans cet arrondissement, *Fréjus* †, ch.-l. de canton.
(6) *Luçon* †, ch.-l. de canton.

IV.

ASIE.

—

Population : 577 millions d'habitants.
Superficie : 43 millions de kilomètres carrés.

---

1. — Notions générales. — Contrées.

L'ASIE, située à l'est de l'Europe, est la plus étendue et la plus peuplée des cinq parties du monde. Elle a été le berceau des sciences, des arts, des croyances religieuses, et le siége des plus vastes empires. C'est en Asie, où l'Écriture sainte place le Paradis terrestre, que vécurent les premiers hommes, et que s'accomplit, par la naissance et la mort de Jésus-Christ, la Rédemption du genre humain.

Le christianisme n'est pratiqué, en Asie, que dans les colonies européennes.

On divise l'Asie en 11 contrées principales, savoir : une au nord, la *Sibérie* ou *Russie d'Asie*; — deux à l'est, la *Chine* et le *Japon*; — deux au sud, l'*Indo-Chine* et l'*Hindoustan*; — deux à l'ouest, l'*Arabie* et la *Turquie d'Asie*; — quatre au centre, le *Turkestan*, la *Perse*, l'*Afghanistan* et le *Béloutchistan*.

Questionnaire.

Qu'est-ce qui distingue l'Asie des autres parties du monde?
Le christianisme est-il pratiqué en Asie?
En combien de contrées l'Asie est-elle divisée ?

2. — Mers. — Golfes. — Iles.

L'Asie est baignée par trois grandes mers ; ce sont : au nord, l'océan Glacial arctique ; — à l'est, le Grand-Océan, qui forme sur la côte la mer de *Behring*, la mer d'*Okhotsk*, la mer du *Japon*, la mer *Jaune*, la mer *Bleue* et la mer de la *Chine ;* — au sud, l'océan Indien, qui prend entre l'Hindoustan et l'Arabie le nom de mer d'*Oman*.

A l'ouest se trouvent la Méditerranée, l'Archipel, la mer de Marmara, la mer Noire et la mer Caspienne.

Parmi les golfes on distingue : le golfe de l'*Obi*, formé par l'océan Glacial arctique ; les golfes de *Tonquin* et de *Siam*, par la mer de la Chine; le golfe du *Bengale*, par l'océan Indien; le golfe *Persique* et le golfe *Arabique* ou *mer Rouge*, le premier à l'est et le second à l'ouest de l'Arabie, tous deux formés par la mer d'Oman.

Les principales îles sont celles qui forment l'empire du Japon, dans le Grand-Océan. On peut citer en outre *Formose*, également dans le Grand-Océan; *Haïnan*, dans la mer de la Chine; *Ceylan*, dans l'océan Indien, et *Chypre*, dans la Méditerranée.

Faites connaître les grandes mers qui baignent l'Asie.
Quelles mers se trouvent à l'ouest?
Nommez les golfes les plus remarquables.
Quelles sont les principales îles?

---

3. — **Montagnes.** — **Fleuves.**

Les chaînes de montagnes les plus remarquables de l'Asie sont : le Caucase et les monts Ourals, dont nous avons parlé en décrivant l'Europe; — les *Altaï* au sud de la Sibérie; — les *Himalaya*, qui renferment les sommets les plus élevés du globe, au sud-ouest de l'empire chinois; — les *Ghattes*, le long de la côte occidentale de l'Hindoustan; — le *Taurus*, dans la Turquie d'Asie (1).

Nous citerons parmi les fleuves : l'*Obi*, l'*Iénisséi* et la *Léna*, en Sibérie; — l'*Amour*, le fleuve *Jaune* et le fleuve *Bleu*, dans l'empire chinois; — le *Cambodge* et l'*Iraouaddy*, qui traversent l'Indo-Chine; — le *Gange* et le *Sind*, dans l'Hindoustan; — le *Chat-el-Arab*, formé par la réunion du *Tigre* et de l'*Euphrate*, lesquels arrosent la Turquie d'Asie.

---

(1) Les montagnes d'*Arménie*, qui sont une ramification du Taurus, renferment le mont *Ararat*, sur lequel s'arrêta l'arche de Noé. Le *Thabor*, sommité détachée du *Liban*, dans la Turquie d'Asie, et le *Sinaï*, au nord-ouest de l'Arabie, méritent aussi un souvenir, à cause de leur antique célébrité.

Faites connaître les chaînes de montagnes les plus remarquables de l'Asie.

Quels sont les principaux fleuves?

---

4. — Sibérie.

La Sibérie, plus grande que toute l'Europe, ne compte que huit millions d'habitants ; elle fait partie de l'empire russe. Froide, stérile, inculte, ayant pour toutes richesses des pâturages, des bois et des métaux, cette contrée est peuplée de tribus misérables et sauvages, et de quelques Européens qui, disséminés dans le pays, ont apporté sur plusieurs points la civilisation et le luxe de l'Occident.

Les villes principales sont : *Tobolsk* et *Irkoutsk*, grands entrepôts de commerce ; — *Okhotsk*, port sur la mer du même nom.

Les provinces du *Caucase*, situées entre la mer Noire et la mer Caspienne, appartiennent aussi à l'empire russe. Elles jouissent, en général, d'un beau climat et d'une grande fertilité. On y remarque *Tiflis*, célèbre par ses eaux thermales sulfureuses.

Donnez-nous quelques notions sur la Sibérie.

Quelles sont les villes principales?

Que savez-vous des provinces du Caucase?

---

5. — **Empire Chinois.**

La Chine est, après la Russie, le plus vaste empire du monde ; sa civilisation remonte à l'antiquité la plus reculée. Le christianisme, introduit dans ce pays au xvie siècle, y fut par la suite horriblement persécuté ; mais en 1858, une expédition anglo-française força la Chine à ouvrir ses portes à la religion chrétienne, et au commerce de l'Occident.

Les Chinois ont porté l'agriculture à un haut degré de perfection ; ils ne laissent aucun terrain inculte, et font un excellent emploi des richesses végétales de leur sol : la principale est le thé, dont ils fournissent tout l'Occident. Ils connaissent depuis longtemps l'imprimerie, la fabrication du papier, de l'encre, de la porcelaine, de la soie, des toiles de coton, etc. Leur commerce intérieur est immense, et facilité par des canaux remarquables et des fleuves nombreux.

Les lieux principaux sont : *Pékin*, ville deux fois aussi grande que Paris et capitale de l'empire ; — *Nankin*, surtout fameuse par ces tissus de coton jaune qui ont pris son nom ; — *Lassa*, capitale du *Tibet*, province vassale de la Chine ; — *Canton*, grand port et ville forte, l'une des plus commerçantes de l'Asie : elle a été prise par les Français et les Anglais en 1858.

Les Chinois ont cédé aux Portugais la ville de *Macao*, dans l'île du même nom, et aux Anglais, l'île *Hong-Kong*.

Questionnaire.

Que savez-vous de la Chine?
En quoi se distinguent les Chinois?
Nommez les lieux principaux.
Quelles sont les possessions européennes?

---

6. — Empire du Japon.

Les Portugais découvrirent les îles du JAPON en 1542, et douze ans après, des jésuites y portèrent le christianisme; mais les empereurs, un siècle plus tard, le proscrivirent dans une persécution épouvantable. Depuis ce temps, l'entrée du pays fut interdite aux étrangers, excepté aux Chinois et aux Hollandais. Cependant, en 1858, le gouvernement japonais s'est décidé à faire des traités de commerce avec l'Amérique, l'Angleterre et la France.

Les îles du Japon sont hérissées de montagnes, et fréquemment bouleversées par des tremblements de terre et d'affreux ouragans. Les hivers y sont très-froids, et les étés brûlants. Le sol renferme des mines abondantes d'or et d'argent; mais il est généralement aride; il ne devient productif qu'à force de travail, et grâce à la faveur dont jouit l'agriculture dans cette contrée.

Parmi les villes on distingue : *Yédo*, capitale de l'empire; — *Miaco*, la plus importante du Japon par ses manufactures ; — *Nangasaki*, port fameux.

Questionnaire.

Donnez quelques notions historiques sur le Japon.
Qu'offrent de remarquable les îles du Japon?
Nommez les principales villes.

7. — Indo-Chine.

L'Indo-Chine, appelée aussi *Inde au delà du Gange,* ne connaît que deux saisons, une sèche et une pluvieuse. La chaleur y est excessive. Le sol d'une extrême fertilité, donne deux récoltes par an. Ses principaux produits sont le riz, nourriture ordinaire des habitants, le sucre, le café, le thé l'indigo, les épices. Il renferme des mines d'or d'argent et de pierres précieuses.

Cette contrée se compose de cinq parties principales :

1° L'*Indo-Chine Anglaise,* à l'ouest, dans laquelle on distingue *Arakan,* ville déchue, *Malacca* à l'extrémité de la péninsule qui porte son nom et *Singapour,* dans une île ;

2° L'empire *Birman,* qui a perdu dans ses guerres avec les Anglais une partie de son territoire et dont la capitale est *Ava ;*

3° Le royaume de *Siam,* capitale *Bangkok,* centre d'un commerce considérable avec la Chine ;

4° La presqu'île de *Malacca,* qui renferme plusieurs petits Etats, les uns indépendants, les autres tributaires des Siamois ;

5° L'empire d'*Annam,* dont la capitale est *Hué* dans la Cochinchine. Cette ville est célèbre par ses fortifications, que construisirent des ingénieurs français.

Toute la Basse-Cochinchine appartient aujourd'hui à la France, qui y a fait des établissements coloniaux : trois des six provinces dont elle se compose ont été conquises de 1859 à 1862, et les autres annexées en 1867. *Saïgon*, grande ville de commerce, est la capitale de ces possessions.

Questionnaire.

Que présente de remarquable l'Indo-Chine?
Comment se divise cette contrée?
La France n'a-t-elle pas quelques possessions dans l'empire d'Annam?

---

8. — Hindoustan.

L'HINDOUSTAN, ou *Inde* proprement dite, est un des pays les plus fertiles du globe : les pluies périodiques, les grandes chaleurs, le limon déposé par les fleuves, y développent une riche végétation. Comme l'Indo-Chine, cette contrée produit deux récoltes par an; elle fournit en abondance le riz, le sucre, les épices, la soie, le coton. Là se trouvent beaucoup d'animaux redoutables : des rhinocéros, des tigres, des lions, des boas, etc.

Les productions des terres, les diamants, les perles qu'on pêche sur les côtes, les indiennes, les châles, les tapis, font l'objet d'un commerce immense avec l'Europe.

L'Hindoustan comprend, outre quelques États indépendants :

1° Les possessions directes des Anglais, lesquelles occupent la plus grande partie du pays;

2° Les États tributaires ou alliés-protégés des Anglais;

3° Les possessions françaises et portugaises.

Parlez-nous de l'Hindoustan.
Sur quoi s'exerce principalement le commerce ?
Que comprend l'Hindoustan ?

---

9. — Suite de l'Hindoustan.

Parmi les possessions anglaises, directes ou médiates, comprises dans l'Hindoustan, on distingue : *Calcutta*, capitale de l'empire *Indo-Britannique* (1) ;—*Delhy*, ancienne résidence du premier souverain de l'Hindoustan ; — *Bénarès*, centre d'un commerce très-étendu ; — *Goualior*, célèbre par ses fabriques de drap et ses tissus de coton ;— *Bombay*, entrepôt général des marchandises des cinq parties du monde ; — *Madras*, défendue par une des plus formidables forteresses de l'Inde ; — *Colombo*, ville forte, dans l'île de Ceylan.

La France possède dans l'Hindoustan cinq villes avec leurs territoires ; ce sont : *Pondichéry*, résidence du gouverneur, *Chandernagor*, *Yanaon*, *Karikal* et *Mahé*.

Goa et son territoire forment la principale possession des Portugais dans cette intéressante contrée.

Faites connaître les principales villes comprises dans les possessions anglaises.
Que possède la France dans l'Hindoustan ?
Quelle est la principale possession des Portugais ?

---

(1) On comprend sous ce titre tous les pays que possède l'Angleterre dans l'Indo-Chine et dans l'Hindoustan.

10. — Arabie.

L'intérieur de l'ARABIE est occupé par des plaines élevées, brûlantes, sablonneuses et stériles. Des tribus errantes, vivant de pillage, parcourent, à l'aide de chameaux, ces immenses solitudes dépourvues de cours d'eau. Cependant la partie du sud-ouest, appelée autrefois *Arabie Heureuse*, offre une riche végétation : le café et le baume font sa gloire. On estime les chevaux arabes, à cause de leur légèreté.

La population sédentaire se divise en un grand nombre de petits États, dont les principales villes sont : *La Mecke*, patrie de Mahomet ; — *Mascate*, entrepôt du commerce de l'Inde avec les ports du golfe Persique ; — *Sana*, grande et forte ; — *Moka*, célèbre par son café ; — *Aden*, importante par ses fortifications, son port et son commerce : les Anglais s'en sont emparés, et par elle ils commandent l'entrée de la mer Rouge.

Questionnaire.

Que savez-vous de l'Arabie ?
Dites comment se divise la population sédentaire, et nommez les principales villes.

---

11. — Turquie d'Asie.

La TURQUIE D'ASIE comprend les pays que les anciens appelaient *Arménie, Asie-Mineure, Syrie, Phénicie, Palestine, Mésopotamie, Babylonie* et *Assyrie*.

Cette contrée, jadis si peuplée, si fertile, si policée, témoin de tant de merveilles et de révolutions, est aujourd'hui déserte, barbare, aride ; le commerce, l'industrie et l'agriculture y sont peu prospères, et les débris des diverses races d'hommes qui ont passé sur cette terre privilégiée, végètent, au milieu des ruines, sous une dure oppression.

L'autorité du sultan n'est pas également bien affermie dans toute la Turquie d'Asie : quelques tribus sont entièrement indépendantes ; d'autres, tributaires. Parmi ces dernières, nous citerons deux peuplades ennemies, établies dans les vallées du Liban : les *Druses*, musulmans hérétiques, et les *Maronites*, catholiques placés depuis le temps des croisades sous la protection de la France.

Les principales villes sont : *Smyrne*, au fond d'un golfe, entrepôt du commerce de l'Asie avec l'Europe ; — *Damas*, la plus riche et la plus florissante de la Syrie ; d'affreux massacres de chrétiens y ont eu lieu en 1860 ; — *Bagdad*, sur le Tigre, déchue de son antique splendeur ; — *Jérusalem*, où s'est accomplie la passion du Sauveur, et qui possède le Saint-Sépulcre dans une église bâtie sur le Calvaire.

Non loin de Jérusalem se trouvent la petite ville de *Bethléem*, qui a eu l'impérissable honneur de voir naître Jésus-Christ, le village de *Béthanie*, la vallée de *Josaphat*, etc., si célèbres dans l'Écriture sainte.

Questionnaire.

Que comprend la Turquie d'Asie?
Cette contrée est-elle florissante ?
Toutes les parties de la Turquie d'Asie sont-elles soumises à l'autorité du sultan ?
Nommez les principales villes.
Quels lieux remarquables se trouvent dans les environs de Jérusalem ?

---

12. — Turkestan.

Le TURKESTAN, d'où sont sortis les Huns, les Alains, les Turcs, et tant d'autres peuples conquérants, se compose de plusieurs États indépendants, gouvernés par des chefs qui prennent le titre de *Khans*, et de quelques tribus nomades.

Ce pays renferme des contrées fertiles, des plaines de sable, d'immenses steppes, des mines d'or, d'argent et de pierres précieuses.

Parmi ses villes on distingue : *Boukhara*, le principal rendez-vous de tous les peuples commerçants de l'Asie ; — *Khokan*, renommée pour ses manufactures de coton et de soie ; — *Khiva*, où se tient un grand marché d'esclaves.

Questionnaire.

De quoi se compose le Turkestan?
Que savez-vous encore de ce pays?
Faites connaître ses principales villes.

---

13. — Royaume de Perse.

La PERSE n'est qu'une faible partie du vaste empire fondé par Cyrus, et se trouve aujourd'hui réduite à une nullité absolue. Ses mers n'ont plus que quelques bateaux ; ses villes deviennent désertes ; ses habitants sont abrutis par un despotisme de quarante siècles, par une misère effroyable et des révolutions incessantes.

Cette contrée occupe un plateau élevé, dont une portion est couverte par des déserts sablonneux, mais où l'on trouve aussi des cantons fertiles en fruits et en vins délicieux.

Les lieux les plus remarquables sont : *Teheran,* capitale du royaume ; — *Tauris,* célèbre par sa citadelle et son arsenal ; — *Ispahan,* ville déchue ; — *Chiraz,* dans une vallée qui produit des vins renommés par toute l'Asie.

Questionnaire.

Parlez-nous du royaume de Perse.
Cette contrée est-elle fertile ?
Citez les lieux les plus remarquables.

---

14. — Afghanistan. — Beloutchistan.

L'Afghanistan a été fréquemment bouleversé par des révolutions intérieures. C'est un pays montagneux, offrant des plaines fertiles, de riches vallées et d'arides déserts. Il a pour villes principales *Kaboul,* capitale du royaume, et *Kandahar,* industrieuse et commerçante.

Au nord se trouve le petit royaume de *Hérat,* aujourd'hui libre, après avoir été tributaire de la Perse. Il a pour capitale la ville de son nom.

Le Beloutchistan est une contrée peu connue.

Ses habitants, à demi barbares, obéissent à des chefs de tribus, dont le principal est celui de *K é-lat*, qui se reconnaît vassal des Anglais.

Questionnaire.

Dites ce que vous savez de l'Afghanistan.
Quel petit royaume se trouve au nord?
Parlez du Beloutchistan.

V.

AFRIQUE.

Population : 75 millions d'habitants.
Superficie : 28 millions de kilomètres carrés

---

1. — Notions générales.

L'AFRIQUE est une immense presqu'île, jointe à l'Asie par l'isthme de *Suez*, et séparée de l'Europe par le détroit de Gibraltar.

Grâce aux efforts réitérés de plusieurs voyageurs intrépides, on est parvenu à connaître, quoique imparfaitement, une partie considérable de l'intérieur de l'Afrique; il ne reste à explorer que la région centrale.

Voici les caractères que paraît offrir cette partie du monde : de vastes plaines de sable ; un climat brûlant et meurtrier, que tempère rarement la pluie; des rivières en petit nombre, et souvent desséchées; des déserts affreux; la stérilité et la fertilité extrêmes voisines l'une de l'autre; des végétaux et des animaux gigantesques; de grandes richesses minérales, mais peu exploitées; des habitants misérables, sauvages, et qui sont pour la plupart musulmans ou idolâtres.

Questionnaire.

Parlez-nous de l'Afrique.
Cette contrée nous est-elle bien connue?
Quels caractères parait-elle offrir?

---

2. — Mers. — Golfes. — Montagnes. — Fleuves.

L'Afrique est baignée au nord par la Méditerranée, à l'ouest par l'Atlantique, au sud par le Grand-Océan, et à l'est par l'océan Indien.

Parmi ses golfes nous citerons : le golfe de *Guinée*, que forme l'océan Atlantique, et le golfe Arabique, dont nous avons déjà parlé.

Les principales chaînes de montagnes aujourd'hui connues sont : l'*Atlas*, au nord; les monts de *Kong*, à l'ouest, les monts *Lupata* et ceux de la *Lune*, à l'est.

Voici les fleuves les plus remarquables : le *Nil*, qui se jette dans la Méditerranée; le *Sénégal*, la *Gambie*, le *Niger*, le *Zaïre* et l'*Orange*, appartenant au bassin de l'Atlantique; le *Zambèse*, qui descend dans l'océan Indien.

Les divisions politiques de l'Afrique sont encore bien incertaines; nous allons les décrire en suivant les côtes.

Questionnaire.

Quelles mers baignent l'Afrique ?
Citez les golfes les plus importants.
Nommez les principales chaînes de montagnes.
Quels sont les fleuves les plus remarquables ?
Connait-on les divisions politiques de l'Afrique?

3. — Barbarie.

La Barbarie, partie septentrionale de l'Afrique, fut, dans les temps anciens, occupée par des peuples célèbres, entre autres par les *Carthaginois*, si fameux par leurs richesses, et dont la puissance fit un instant trembler Rome elle-même. Partout victorieux, les Romains s'emparèrent de cette contrée, qui, après la chute de leur empire, tomba sous la domination des barbares.

La Barbarie, traversée par la chaîne de l'Atlas, jouit au nord d'une grande fertilité, mais n'offre au midi que des plaines brûlantes, malsaines, et souvent ravagées par les sauterelles.

Elle comprend quatre parties principales :

1° La régence de *Tripoli*, vassale de l'empire Ottoman, et qui a pour capitale la ville de son nom ;

2° La régence de *Tunis*, depuis peu affranchie de la domination des Turcs, et dont la capitale est *Tunis*, célèbre par la mort de saint Louis ;

3° La province française de l'*Algérie*, que nous décrirons plus loin ;

7.

4° L'empire de *Maroc*, pays fertile, mais mal cultivé, à demi barbare, gouverné despotiquement, et n'ayant presque aucune importance politique. On y remarque : *Maroc*, capitale, sur un plateau couvert de palmiers ; *Fez*, ville commerçante, et quelques possessions espagnoles, parmi lesquelles se trouve *Ceuta*, en face de Gibraltar.

Questionnaire.

Que savez-vous de la Barbarie?
La Barbarie est-elle fertile?
Comment la divise-t-on ?

4. — Algérie.

L'Algérie, la plus vaste et la plus riche de nos colonies (1), renferme tous les éléments d'une grande prospérité. Les collines du *Sahel*, qui bordent la côte, produisent l'oranger, le citronnier et le figuier. Les céréales croissent parfaitement dans le *Tell*, zone montagneuse, entrecoupée de petites vallées et de plaines magnifiques. Le *Sahara algérien* même, région sablonneuse, est parsemé d'oasis qui fournissent des dattes excellentes. L'Algérie a en outre des mines de fer, de plomb et de cuivre, qui sont l'objet d'un bon commerce d'exportation.

On compte en Algérie trois millions d'habitants, dont deux cent mille Européens, non compris l'armée.

(1) Pour connaître l'origine de cette possession, voir dans notre *Histoire de France* le règne de Charles X.

La population indigène appartient à trois familles principales : 1° les *Kabyles*, qui occupent les montagnes : ils sont agriculteurs et industriels ; 2° les *Maures*, commerçants établis dans les villes ; 3° les *Arabes*, qui sont répandus dans les plaines, les uns cultivateurs et sédentaires, les autres pasteurs et nomades. Ce n'est qu'à force de combats et de défaites que les Arabes ont reconnu la domination française.

Questionnaire.

Donnez-nous quelques notions sur les productions de l'Algérie.
Combien compte-t-on d'habitants dans cette contrée ?
Comment se divise la population indigène ?

---

5. — Divisions de l'Algérie. — Villes principales.

L'Algérie comprend trois départements, désignés sous le nom de leurs chefs-lieux, qui sont : *Alger*, *Constantine* et *Oran*. Chacun de ces départements est subdivisé en arrondissements, districts et communes, et administré par un préfet, des sous-préfets, des commissaires civils et des maires.

Alger, capitale, et résidence d'un gouverneur général, est située en amphithéâtre sur le penchant d'une colline au bord de la Méditerranée. Cette ville, prise par les Français en 1830, a un archevêché, une académie et 72,000 habitants. — Dans le même département nous remarquerons : *Médéha*, au milieu d'une contrée saine, pittoresque et très-fertile ; *Blidah*, célèbre par ses orangeries, et *Douera*, centre agricole.

Constantine, évêché, importante et très-forte, est bâtie sur un rocher au pied duquel coule le *Rummel*. Elle a été emportée d'assaut en 1837. — *Bone*, port sur la Méditerranée, a dans son territoire d'excellentes mines de fer et des forêts.

Oran, évêché, est une place redoutable, possédant un très-bon port. — *Mostaganem*, une des sous-préfectures, semble appelée à un grand avenir ; ses environs sont d'une rare fertilité. — On exploite à *Arzeu* de riches salines.

Questionnaire.

Quelles sont les divisions administratives de l'Algérie ?
Faites connaître Alger et les autres villes remarquables du département de ce nom.
Constantine.
Oran.

6. — Sahara. — Sénégambie. — Nigritie.

Le SAHARA, situé au sud de la Barbarie, est un vaste désert, couvert de sable, privé d'eau, renfermant quelques oasis, des animaux féroces, et parcouru par des tribus nomades, sauvages et indépendantes.

La SÉNÉGAMBIE tire son nom des deux principaux fleuves qui l'arrosent, le Sénégal et la Gambie. Cette contrée éprouve les plus grandes chaleurs du globe ; les pluies y sont très-abondantes, et la végétation prodigieuse : on y trouve des forêts composées d'arbres dont le tronc a jusqu'à trente mètres de circonférence. Une partie du pays est occupée par les Français, les Anglais

et les Portugais. *Saint-Louis*, dans une île, est
le chef-lieu de nos possessions.

La NIGRITIE ou *Soudan* comprend la partie centrale de l'Afrique. Elle renferme plusieurs États
considérables, parmi lesquels on distingue le
royaume de *Tombouctou*, qui a pour capitale la
ville du même nom, centre d'un grand commerce
par caravanes.

Questionnaire.

Qu'est-ce que le Sahara ?
Qu'offre d'intéressant la Sénégambie?
Que savez-vous de la Nigritie?

**7. — Guinées Septentrionale et Méridio-
nale. — Cafrerie. — Pays des Hottentots. — Colonie du Cap.**

La GUINÉE SEPTENTRIONALE, contrée fertile,
bien arrosée, se divise en une multitude d'États
indigènes, dont le plus puissant est le royaume
des *Aschantis*. L'Angleterre, la Hollande et la
France ont sur la côte quelques établissements.

La GUINÉE MÉRIDIONALE renferme d'immenses
forêts. Elle se compose de plusieurs royaumes,
dont voici les principaux : *Congo*, autrefois très-
puissant, mais aujourd'hui abruti par des mœurs
sauvages et livré à des révolutions sanglantes;
Angola et *Benguela*, soumis aux Portugais.

La CAFRERIE, dans laquelle on peut comprendre
la côte aride de *Cimbebasie*, à l'ouest, et la *Terre
de Natal*, au sud-est, nous est presque entière-

ment inconnue. On cite pourtant le royaume démembré de *Monomotapa*, où des hordes féroces, maîtresses du plateau central, font quelquefois de terribles incursions.

Le pays des HOTTENTOTS, qu'arrose le fleuve Orange, est habité par des tribus nomades, plus ou moins soumises aux Anglais, et dont plusieurs ont déjà adopté le christianisme.

La COLONIE DU CAP occupe toute la partie méridionale de la péninsule africaine; elle a été fondée par les Hollandais en 1650, et conquise un demi-siècle plus tard par les Anglais. On y remarque une riche végétation. La capitale est le *Cap*, place très-importante sous le rapport militaire et commercial.

Questionnaire.

Que savez-vous de la Guinée Septentrionale ?
Parlez de la Guinée Méridionale.
La Cafrerie est-elle connue ?
Dites quelques mots sur le pays des Hottentots.
Faites connaître la colonie du Cap.

---

8. — Mozambique. — Zanguebar. — Abyssinie. — Nubie.

Le MOZAMBIQUE est une fertile contrée maritime, qui appartient aux Portugais. On y trouve des mines d'or et d'argent assez abondantes. *Mozambique*, petite ville avec un bon port, est la plus commerçante de toute la côte orientale.

Le ZANGUEBAR, encore bien inconnu, ne présente que des déserts sablonneux, des rochers

arides, un climat brûlant, des animaux féroces
et des habitants sauvages.

L'ABYSSINIE, qui s'étend sur les bords de la mer
Rouge, formait autrefois un grand empire ; mais,
au commencement du XIXe siècle, des tribus
sauvages ont envahi ses provinces, et ce pays,
livré à l'anarchie, s'est divisé en plusieurs
royaumes. Nous citerons seulement celui de
Choa, avec lequel la France a entamé récemment
des relations commerciales.

La NUBIE, pays de plaines et de déserts, forme
quelques petits États sujets ou vassaux du vice-
roi d'Égypte. On y remarque *Sennaar*, anciennement capitale d'un royaume puissant.

Questionnaire.

Qu'offre d'intéressant le Mozambique ?
Le Zanguebar présente-t-il quelque chose de remarquable ?
Parlez-nous de l'Abyssinie.
Dites ce que vous savez de la Nubie.

---

9. — Égypte.

L'ÉGYPTE, dont la civilisation remonte à la plus
haute antiquité, est la mieux connue et la plus
intéressante des contrées de l'Afrique ; elle fut un
royaume florissant sous les Pharaons et leurs
successeurs. Les anciens monuments qu'elle renferme, et parmi lesquels on distingue les Pyramides, qui existent depuis près de quatre mille
ans, témoignent de sa splendeur passée.

Ce pays forme actuellement une vice-royauté,

tributaire de l'empire Ottoman. Il commence à sortir de la misère dans laquelle les Turcs l'ont tenu longtemps plongé : il a une administration régulière, des écoles, des imprimeries, des machines à vapeur, des télégraphes, une armée disciplinée, des fabriques de tous genres, des cultures perfectionnées, etc., innovations dues à des mains françaises, et aussi à la domination éclairée de Méhémet-Ali, mort en 1849.

Il ne pleut presque jamais en Égypte ; aussi le climat y est-il très-chaud et l'air extrêmement sec ; mais les débordements périodiques du Nil, qui la traverse dans sa longueur, lui donnent une remarquable fertilité : on peut faire annuellement deux ou trois récoltes dans la même terre.

Le sol produit du coton, du blé, du riz, du lin, du chanvre, du sucre, des oranges, des dattes ; il renferme des carrières de marbre, de porphyre, d'albâtre, etc.

On remarque en Égypte : *le Caire*, capitale, sur le Nil, importante par son commerce, son industrie et ses établissèments scientifiques ; — *Alexandrie*, port sur la Méditerranée, avec un vaste arsenal : elle fut, ainsi que le Caire, prise par les Français en 1798 ; — *Damiette*, bâtie à peu de distance de l'ancienne ville de ce nom, si célèbre dans l'histoire de saint Louis ; — *Gizeh*, où sont les fameuses Pyramides, près desquelles Napoléon gagna une bataille en 1798 ; — *Louqsor*, village d'où est venu l'obélisque érigé à Paris sur la place de la Concorde ; — *Suez*, loin de toute végétation et naguère misérable, mais appelée aux plus hautes destinées depuis qu'a été ouvert (en 1869) le grand canal qui unit la mer Rouge à la Méditerranée.

L'Égypte est-elle une contrée connue ?
Quelle est aujourd'hui la situation de ce pays ?
Parlez-nous du climat et de la fertilité de l'Égypte.
Quelles sont les productions du sol ?
Citez les lieux les plus remarquables.

---

10. — Iles.

Parmi les îles qui dépendent de l'Afrique nous citerons :

1° Dans l'Atlantique, les *Açores*, le groupe de *Madère*, l'archipel rocheux du *Cap-Vert* et *Saint-Thomas*, aux Portugais ; — les *Canaries*, possession espagnole ; — *Sainte-Hélène*, qui a été immortalisée par la captivité de Napoléon, et l'*Ascension*, toutes deux aux Anglais ;

2° Dans l'océan Indien, *Madagascar*, remarquable par son étendue, son climat tempéré, l'abondance de ses productions, et divisée en plusieurs royaumes, dont le plus puissant est celui des *Hovas* ; — l'archipel des *Comores*, où les Français ont deux établissements ; — *Sainte-Marie* et l'île volcanique de la *Réunion*, colonies françaises ; — *Maurice*, qui appartient aujourd'hui à l'Angleterre.

Dites quelles sont les principales îles de l'Afrique, et lesquelles forment des possessions européennes.

IV.

AMÉRIQUE.

—

Population : 70 millions d'habitants.
Superficie : 37 millions de kilomètres carrés.

1. — Notions générales. — Contrées.

Le Génois Christophe Colomb découvrit le Nouveau Continent en 1492; un navigateur florentin, Améric Vespuce, en ayant parcouru les côtes cinq ans après, publia, à son retour en Europe, la relation de son voyage, et le pays fut depuis appelé AMÉRIQUE : injustice faite à Colomb par ses contemporains, mais que la postérité a réparée en partie, en donnant à une portion du Nouveau Monde le nom de *Colombie*.

Le continent américain n'est séparé de l'Asie que par le détroit de *Behring*; il se compose de deux immenses presqu'îles : l'*Amérique Septentrionale* et l'*Amérique 'Méridionale*, jointes ensemble par l'isthme de *Panama*.

On divise l'Amérique en 16 parties principales; ce sont, en allant du nord au sud : le *Groënland*, la *Nouvelle-Bretagne*, les *États-Unis*, le *Mexique*, la *Guatemala*, l'archipel des *Antilles*, la *Colombie*, la *Guyane*, le *Brésil*, le *Pérou*, la *Bolivie*, la *Plata*, le *Paraguay*, l'*Uruguay*, le *Chili* et la *Patagonie*.

A l'exception du Brésil, qui est gouverné par un empereur, les divers États du Nouveau Continent se sont constitués en républiques.

Avant la colonisation européenne, toutes les nations de l'Amérique étaient idolâtres ; aujourd'hui la grande majorité de la population pratique le christianisme : les peuplades sauvages seules ne l'ont pas adopté.

Questionnaire.

D'où vient le nom donné au Nouveau Continent ?

Qu'est-ce qui sépare l'Amérique de l'Asie, et de quoi se compose cette partie du globe ?

Comment divise-t-on l'Amérique ?

Quelle forme de gouvernement ont adoptée les divers États du Nouveau Continent ?

Quelle religion domine en Amérique ?

---

2. — Mers. — Montagnes. — Fleuves.

L'Amérique est baignée au nord par l'océan Glacial arctique ; à l'est, par l'Atlantique, qui forme sur les côtes la mer de *Baffin*, la mer d'*Hudson* et la *Méditerranée Colombienne* ; au sud, par l'océan Glacial antarctique, et à l'ouest par le Grand-Océan, lequel forme entre les deux péninsules la *Méditerranée de Panama*.

Une longue chaîne traverse l'Amérique du nord au sud, et prend successivement les noms de *Montagnes Rocheuses, Cordilières du Mexique, de Guatemala* et *des Andes*. Elle partage chacune des deux presqu'îles en deux versants différents :

l'un, très-rapide et très-étroit, vers le Grand-Océan, et privé de cours d'eau remarquables ; l'autre, très-doux et très-large, vers l'océan Atlantique, et sillonné par les plus grands fleuves du monde.

Voici les principaux : le *Saint-Laurent*, qui arrose la Nouvelle-Bretagne ; — le *Mississipi*, dans les États-Unis, et qui se jette dans le golfe du *Mexique* ; — l'*Orénoque*, dans la Colombie ; — le fleuve des *Amazones*, le plus considérable du globe : il baigne le Pérou, la Colombie et le Brésil ; — la *Plata*, formée par la réunion du *Parana* et de l'*Uruguay*, dans la contrée qui a pris son nom.

Questionnaire.

Quelles mers baignent l'Amérique ?
Faites connaître les montagnes les plus considérables.
Quels sont les principaux fleuves ?

----

3. — Groënland. — Nouvelle-Bretagne.

Le GROENLAND, non loin de l'Islande, est un amas de rochers et de glaces inabordables. On trouve pourtant sur la côte occidentale une végétation misérable et quelques établissements danois. Les Groënlandais vivent principalement de la pêche : le chien marin leur fournit la nourriture et les vêtements.

La NOUVELLE-BRETAGNE n'offre dans la région du nord, placée de nom sous la domination de l'Angleterre, qu'une immense solitude, couverte de glaces, de lacs et de rivières, et parcourue par les *Esqui-*

maux, sauvages qui vivent de poissons. La partie du sud, au contraire, est fertile, renferme une population civilisée, et appartient réellement aux Anglais.

Le *Canada,* la plus belle province de cette contrée, formait autrefois une colonie française; elle nous fut enlevée par la paix de 1763.

Les principales villes de la Nouvelle-Bretagne sont : *Québec,* sur le fleuve Saint-Laurent, capitale, et l'une des plus fortes places de l'Amérique; — *Montréal,* très-commerçante; — *Halifax,* bon port sur l'Atlantique.

Parmi les îles nous citerons : *Terre-Neuve,* très-grande, stérile et peu peuplée : elle a pour capitale *Saint-Jean;* — *Saint-Pierre* et *Miquelon,* qui appartiennent à la France, et dont les habitants se livrent à la pêche.

Questionnaire.

Que savez-vous du Groënland?
Décrivez la Nouvelle-Bretagne.
Le Canada n'a-t-il pas appartenu à la France?
Quelles sont les principales villes de la Nouvelle-Bretagne ?
Citez quelques îles.

---

4. — États-Unis.

La puissance des Anglais était devenue prépondérante dans toute l'Amérique du nord. Leurs colonies, très-prospères, voulurent s'affranchir des entraves que la métropole mettait à leur commerce; treize provinces se soulevèrent en 1776, et parvinrent, après une lutte de sept ans et avec l'aide de la France, à faire reconnaître leur indépendance. Elles se constituèrent alors en république fédérative des États-Unis. L'Union s'agrandit sans cesse, et devint bientôt, par sa civilisation, par son activité commerciale et industrielle, par l'accroissement prodigieux de sa population, la première puissance du Nouveau Continent.

Elle se compose aujourd'hui de 37 États souverains, dont les habitants appartiennent pour les quatre cinquièmes au moins à la race européenne. Elle portait en elle une plaie profonde, qui menaçait son existence : c'est l'esclavage; mais il a été récemment aboli, à la suite d'une guerre longue et désastreuse.

L'immense territoire des États-Unis offre des aspects très-variés : des montagnes à l'ouest et à l'est; de vastes plaines sablonneuses; des rivières en grand nombre; de superbes forêts; des vallées fertiles, parfaitement cultivées, et donnant toutes les productions de l'Europe.

Il renferme de grandes richesses métalliques : du plomb, du cuivre, du fer, de l'or même : tout le monde connaît de nom la *Californie,* cette région aurifère exploitée depuis 1848, et où se sont rendus de nombreux émigrants d'Europe.

Les principales villes sont : *New-York,* la plus grande, la plus commerçante et la plus peuplée de l'Union; — *Philadelphie,* célèbre par son industrie manufacturière; — la *Nouvelle-Orléans,* fondée au commencement du XVIIIe siècle par les

Français : l'air y est malsain, et la fièvre jaune y fait souvent de grands ravages ; — *Baltimore*, industrieuse et commerçante ; — *Boston*, très-bon port ; — *Washington*, capitale de la Confédération ; — *San-Francisco*, ville moderne, dans la Californie.

L'*Amérique Russe*, vaste et froide contrée située près du détroit de Behring, a été cédée par la Russie, en 1867, aux États-Unis, qui ont fait de ce pays désert le territoire d'*Alaska*.

Questionnaire.

Faites connaître en quelques mots l'histoire des États-Unis.
De combien d'États se compose aujourd'hui l'Union ?
Quels aspects offre le territoire des États-Unis ?
Ne renferme-t-il pas des richesses métalliques ?
Citez les principales villes des États-Unis.
Les États-Unis n'ont-ils pas une possession lointaine ?

---

5. — Mexique. — Guatemala.

Le MEXIQUE, ancienne colonie espagnole, et qui, après avoir acquis son indépendance, s'était transformé en empire par suite de l'intervention française (1), forme aujourd'hui une république, composée de 24 États confédérés. C'est un pays montagneux, salubre, si ce n'est sur les côtes, remarquable par ses mines d'or et d'argent et par les productions de ses terres : il fournit le tabac, le sucre, le coton, le cacao, le bois de teinture, etc.

On y distingue : *Mexico*, capitale, une des plus

---

(1) Voir notre *Histoire de France,* au règne de Napoléon III.

belles et des plus riches villes du monde : elle a été occupée par les Français en 1863 ; — *Vera-Cruz*, la première place de commerce du Mexique ; — *Tampico*, le meilleur port de la côte orientale ; — *Puebla*, prise par nos soldats en 1863, après un siége meurtrier.

Le GUATEMALA, nommé aussi *Amérique Centrale*, se compose maintenant de cinq petits États indépendants. Cette contrée, fertile en toutes choses, serait une des plus agréables de l'Amérique, si elle n'était sujette à de violents tremblements de terre, et aussi à de continuelles révolutions politiques.

Ses principales villes sont : la *Nouvelle-Guatemala, Sansonate, Léon* et *San-Salvador*.

Questionnaire.

Parlez-nous du Mexique.
Quelles villes y distingue-t-on ?
Que savez-vous du Guatemala ?
Nommez ses principales villes.

6. — Antilles.

L'archipel des ANTILLES est situé dans l'océan Atlantique, entre les deux péninsules américaines. Les îles qui le composent présentent une prodigieuse fécondité en sucre, en café, en tabac, en coton ; mais elles sont exposées à des ouragans dévastateurs ; la chaleur y est très-forte, et le climat peu favorable aux Européens.

Elles se divisent en trois groupes principaux : les *Lucayes*, les *Grandes* et les *Petites Antilles*.

Les Lucayes appartiennent aux Anglais. On y distingue l'île *San-Salvador*, la première terre que découvrit Colomb dans le Nouveau Monde. La petite ville de *Nassau,* dans l'île de la *Providence,* est le chef-lieu du gouvernement des Lucayes.

Les grandes Antilles sont :

1° *Cuba*, aux Espagnols, remarquable par sa longueur et sa prospérité : capitale, *la Havane.*

2° *Haïti* ou *Saint-Domingue,* partagée en deux républiques : à l'ouest, Haïti, capitale *Port-au-Prince,* et à l'est, la partie autrefois espagnole, dont la capitale est *Santo-Domingo;*

3° La *Jamaïque,* aux Anglais : capitale, *Kingstown;*

4° *Porto-Rico*, colonie espagnole, ayant pour capitale la ville de ce nom.

Parmi les Petites Antilles nous citerons seulement : *Sainte-Croix* et *Saint-Thomas*, appartenant au Danemark; — *Saint-Barthélemy*, à la Suède; — *Saint-Eustache,* à la Hollande; — la *Guadeloupe* et la *Martinique,* à la France; — la *Dominique, Sainte-Lucie,* la *Barbade, Tabago* et la *Trinité,* à l'Angleterre.

Questionnaire.

Donnez quelques notions générales sur l'archipel des Antilles.
Comment se divisent-elles?
Parlez-nous des Lucayes.
Quelles sont les Grandes Antilles?
Quelles îles connaissez-vous parmi les Petites Antilles?

7. — Colombie. — Guyane.

La COLOMBIE est un pays très-fertile, produisant du tabac, du coton, de l'indigo, du quinquina, et des bois de toutes sortes. Ses montagnes, dans lesquelles se trouvent les sommets les plus élevés du Nouveau Continent, renferment des mines d'or, d'argent, de platine et de pierres précieuses.

Cette contrée appartenait autrefois à l'Espagne; elle a commencé à se détacher de la mère-patrie en 1811, et s'est partagée, vingt ans plus tard, en trois républiques distinctes; ce sont :

1° La *Nouvelle-Grenade*, qui a pour capitale *Santa-Fé-de-Bogota;*

2° Le *Vénézuéla*, capitale *Caracas*, ville commerçante;

3° L'*Équateur*, capitale *Quito*, au pied d'une montagne volcanique.

La GUYANE, située à l'est de la Colombie, se compose de plaines, de grandes forêts et de marécages. Elle se divise en trois parties, savoir :

1° La *Guyane 'Anglaise*, la plus peuplée et la plus fertile : chef-lieu, *Georgetown;*

2° La *Guyane Hollandaise*, très-florissante et bien cultivée : chef-lieu, *Paramaribo;*

3° La *Guyane Française*, la plus grande, mais la moins prospère. On l'a transformée récemment en lieu de déportation : chef-lieu, *Cayenne*, sur une île.

Questionnaire.

Quelles sont les principales productions de la Colombie?
Comment se divise aujourd'hui cette contrée ?
Que savez-vous de la Guyane ?

---

8. — Brésil.

Le Brésil a longtemps appartenu au Portugal ; il se déclara indépendant en 1822 et s'érigea en empire.

Un pays qui comprend près de la moitié de l'Amérique Méridionale doit présenter des aspects très-divers. Plusieurs chaînes de montagnes à l'est ; des plaines marécageuses au nord, souvent inondées par l'Amazone et ses affluents ; d'immenses forêts à l'intérieur, où des Indiens indépendants mènent une vie errante et misérable ; une végétation vigoureuse ; des mines d'or, d'argent, de platine et de diamants ; une population très-disséminée, et concentrée seulement sur les côtes, voilà les caractères principaux de cette contrée.

Ses lieux les plus remarquables sont : *Rio-Janeiro*, capitale, grande ville de commerce et l'un des plus beaux ports du monde ; — *San-Salvador-de-Bahia*, la première place de guerre de l'empire ; — *Pernambouc*, port très-commerçant, et *Saint-Paul*.

Questionnaire.

Que savez-vous du Brésil?
Quels sont les caractères principaux de cette contrée ?
Faites connaître ses lieux les plus remarquables.

---

9. — **Pérou**. — **Bolivie** ou **Haut-Pérou**.

Le Pérou, ancienne possession espagnole, secoua le joug de la métropole en 1821 et se donna
une constitution républicaine. C'est un pays généralement sablonneux et aride, mais qui renferme dans ses montagnes les meilleures mines
d'or et d'argent du globe.

Les principales villes sont : *Lima*, siége du gouvernement, dans un lieu sujet aux tremblements
de terre ; — *Cuzco*, autrefois capitale de l'empire
des *Incas*.

La Bolivie, ainsi appelée du nom de Bolivar,
son libérateur, faisait partie du Pérou ; elle se
détacha de ce pays en 1825 et forma un État indépendant.

On trouve dans la Bolivie des vallées fertiles,
d'immenses forêts et de grandes richesses métallurgiques. Malheureusement cette contrée, comme
le Pérou, est sans lumières, sans travail, et souvent déchirée par des dissensions politiques.

Nous remarquerons parmi ses villes : *la Plata*,
capitale, dans le voisinage d'une riche mine d'argent ; — *la Paz*, la plus peuplée et la plus commerçante de la république.

Questionnaire.

Donnez quelques notions générales sur le Pérou.
Faites connaître les principales villes.
La Bolivie ne faisait-elle pas autrefois partie du Pérou ?
Qu'offre de remarquable la Bolivie ?
Citez quelques villes.

10. — La Plata. — Paraguay. — Uruguay. — Chili. — Patagonie.

La Plata, ou *République Argentine*, est la première colonie espagnole qui se soit déclarée indépendante de la mère-patrie. Sa capitale, *Buenos-Ayres*, à l'embouchure de la Plata, est l'une des villes les plus peuplées de l'Amérique.

Le Paraguay, civilisé par les Jésuites, avait déjà perdu sa prospérité, lorsqu'une guerre récente le réduisit à la situation la plus malheureuse. Il a pour capitale l'*Assomption*.

L'Uruguay est presque aussi languissant : capitale, *Montévidéo*.

Le Chili, indépendant de l'Espagne depuis 1818, est une contrée pittoresque, fertile et salubre, qui se compose d'une plage maritime très-étroite, exposée aux tremblements de terre, et à l'est de laquelle culminent les Andes, avec leurs volcans destructeurs. On y remarque : *Santiago*, capitale, très-florissante ; — *Valparaiso*, port bien fréquenté.

La Patagonie est un pays froid, stérile, très-peu connu, et habité par des sauvages.

Questionnaire.

Dites quelques mots sur la Plata.
Que savez-vous du Paraguay ?
De l'Uruguay ?
Décrivez le Chili.
La Patagonie offre-t-elle quelque chose d'intéressant ?

8.

VII.

OCÉANIE.

—

Population : 31 millions d'habitants.
Superficie : 11 millions de kilomètres carrés.

1. — Notions générales.

Les îles, en nombre infini, qui sont situées dans le Grand-Océan au sud-est de l'Asie et au sud-ouest de l'Amérique, ont été réunies par les géographes en une cinquième partie du monde, qu'ils ont appelée OCÉANIE.

Elle est partagée, sous le rapport politique, en une foule de petites dominations indigènes. On la divise en trois grandes régions : la *Malaisie* ou *îles Asiatiques*, la *Polynésie* et la *Mélanésie*.

Ces terres, récemment explorées, sont habitées par deux races principales : 1° les *Malais*, au teint olivâtre, répandus dans les îles Asiatiques et dans la Polynésie : ils sont habiles navigateurs, intelligents et actifs, mais souvent perfides et cruels ; un grand nombre d'entre eux professent l'islamisme ; 2° les *Océaniens nègres*, qui sont réputés pour leurs habitudes de férocité et d'anthropophagie, leur profonde misère, leur grossière idolâtrie et leur invincible attachement à l'état sauvage ; ils peuplent surtout les îles de la Mélanésie.

Presque tout le commerce de l'Océanie est

entre les mains des Chinois. Cependant, la puissance dominante de cette partie du globe est la Hollande, qui a sous ses lois près de la moitié de la population.

Les îles qui composent l'Océanie, rafraîchies par les brises de la mer, jouissent d'une température modérée. Elles offrent une riche végétation, et sont peuplées d'animaux dont les genres n'existent pas ailleurs.

Questionnaire.

Qu'appelle-t-on Océanie?
Comment la divise-t-on?
Quelles sont les races principales qui habitent ces terres ?
Entre les mains de quel peuple est le commerce de l'Océanie?
Parlez du climat, de la végétation, etc.

2. — Malaisie.

La MALAISIE comprend : l'archipel des *Philippines*, *Bornéo*, *Célèbes*, les îles de la *Sonde* et les *Moluques*.

L'archipel des Philippines se compose d'une centaine d'îles remplies de volcans, exposées aux tremblements de terre, mais d'une fertilité prodigieuse en sucre, en coton, etc. La moitié de sa population est soumise à l'Espagne. Les plus considérables de ces îles sont : *Luçon*, capitale *Manille*, chef-lieu des établissements espagnols dans l'Océanie, et *Mindanao*.

L'île Bornéo, remarquable par son étendue, renferme des éléphants, des tigres, des orangs-outangs, et produit du poivre, du camphre, du fer, de l'or et des diamants. On ne la connaît que très-imparfaitement. Elle est divisée en plusieurs États indépendants, dont les plus puissants sont les royaumes de *Bornéo* et de *Soulon*. Une partie des côtes occidentales et méridionales est sujette ou vassale de la Hollande.

Célèbes est découpée par des golfes profonds; elle jouit d'une grande fertilité, et présente les aspects les plus pittoresques. Les Hollandais en possèdent la majeure partie.

Iles de la Sonde. On comprend sous ce nom : *Sumatra*, très-montagneuse, riche en végétaux, en lavages d'or, en mines d'étain, de cuivre et de fer, partagée en plusieurs États indépendants ou tributaires des Hollandais, qui ont des établissements sur la côte occidentale; — *Java*, volcanique, bien arrosée et très-fertile, remarquable par son industrie et son commerce, et qui a pour capitale *Batavia*, chef-lieu de toutes les possessions hollandaises dans l'Océanie; — *Timor*, où les Portugais ont un établissement; — *Sumbava*, *Florès*, etc.

L'archipel des Moluques est presque entièrement soumis à la Hollande. Les îles qui le composent sont exclusivement propres à la culture des épices. Nous citerons seulement *Gilolo* et *Céram*.

Questionnaire.

Que comprend la Malaisie?
Que savez-vous de l'archipel des Philippines ?
Décrivez l'île Bornéo.
Qu'offre de remarquable l'île Célèbes ?
Les îles de la Sonde ?
L'archipel des Moluques?

3. — **Polynésie.**

La Polynésie se compose d'un nombre très-considérable de petites îles, parmi lesquelles on distingue :

1° Les *Mariannes*, appartenant en grande partie aux Espagnols ;

2° Les *Carolines*, peuplées de sauvages qui se distinguent dans la construction de leurs barques ;

3° Les îles *Sandwich*, où se trouvent de bons ports. Leurs habitants, doux et industrieux, ont embrassé le christianisme ;

4° Les *Marquises*, dont les Français ont pris possession en 1842 ;

5° L'archipel de *Pomotou*, nommé aussi archipel *Dangereux*, parce que ses nombreuses îles, peu élevées au-dessus des flots, sont parsemées de récifs ;

6° Les îles de la *Société*, importantes par leur fertilité, et placées sous le protectorat de la France : la principale est *Taïti* ;

7° L'archipel de *Hamoa*, peuplé de sauvages navigateurs, dont une partie est convertie à la foi chrétienne ;

8° L'archipel de *Tonga* ou des *Amis*, habité par des sauvages adroits et de mœurs douces, qui ont adopté le christianisme ;

9° L'archipel de *Fidji*, dont les féroces habitants se font continuellement la guerre.

Questionnaire.

Nommez les principaux archipels dont se compose la Polynésie, et dites ce qu'ils offrent de plus intéressant.

4. — Mélanésie.

Dans la Mélanésie on remarque :

1° L'*Australie* ou *Nouvelle-Hollande*, la plus grande île du globe, où les Anglais ont fondé de nombreux établissements, qui ont pour chef-lieu *Sidney*. Cette terre a de très-abondantes mines d'or ; elle présente des végétaux et des animaux qui lui sont propres, et les habitants sont placés au dernier degré de l'échelle humaine. L'intérieur est en grande partie inhabité ;

2° La *Nouvelle-Guinée* ou *Papouasie*, très-ferile, et peuplée de nègres sauvages. C'est là que se trouve l'oiseau de paradis ;

3° La *Nouvelle-Zélande,* composée de deux îles, dont les Anglais se sont attribué la possession ; les habitants, agriculteurs ou pêcheurs, vivent dans un état de guerre continuel ;

4° L'île de *Diemen,* où les Anglais déportent leurs condamnés ;

5° La *Nouvelle-Calédonie,* qui appartient à la France depuis 1853 ;

6° L'archipel de la *Nouvelle-Bretagne,* les îles *Salomon* et les *Nouvelles-Hébrides,* qu'habitent des nègres sauvages.

Questionnaire.

Faites connaître les îles les plus remarquables de la Mélanésie.

TABLE.

—

BIBLIOTHÈQUE NATIONALE — R.F. — IMPRIMÉS

www.ingramcontent.com/pod-product-compliance
Lightning Source LLC
LaVergne TN
LVHW052029060726
842528LV00002B/683